お母さんができること、
してあげたいこと

子どもの「書く力」は家庭で伸ばせる

作文・読書感想文

花まる学習会
高濱正伸
竹谷和

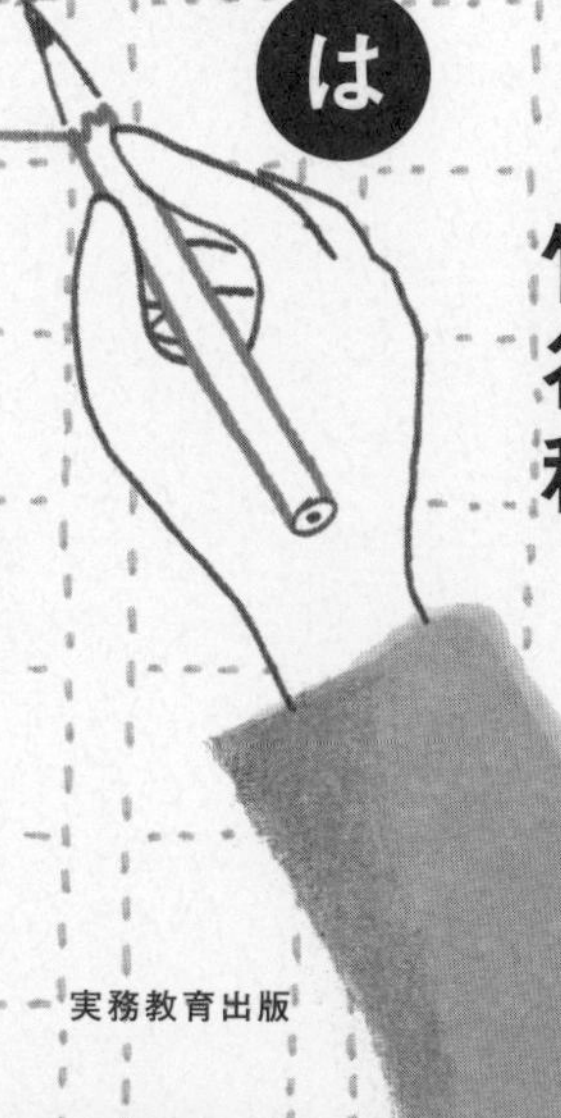

実務教育出版

はじめに

「みなさんは、どんなときに文章を書きますか？」

これまでの講演会で、保護者のみなさんに聞いてきた質問です。

・手紙を義両親に書く。時々日記をつける。ツイッター、フェイスブック
・贈り物に添えるメッセージやお礼の手紙
・子どもたちの成長の記録
・日常的ではありませんが、お礼の手紙やハガキを書くこと
・ほとんどありません。宿題や学校への提出物にコメントする程度
・娘の日記への感想、返事

書いていただいた内容を見ると、子育てをする日々のなかで、書くということはややハードルの高いものなのだとわかります。ほかの誰かの邪魔が入ってしまってはあまり進まない作業ですからね。わが子から目を離すことのできない乳幼児期から低学

年期のお子さんを持つお母さんにとっては、なかなか書き物をする時間をとれないのが現状だといえます。メールや、LINE、フェイスブックなどのSNSを除いては、お礼状や読書の感想を簡単に書く、といったところでしょうか。

作文の良し悪しはどこで決まるの？

そんななか、わが子が小学校に入学してからは、作文を持ち帰ってくるようになります。また、学校によっては1年生から夏休みに読書感想文が宿題として課されるところもあるようです。土日には、日記が宿題になるところも多いでしょう。

そして、気になってしまうのです。

「2年生なのにこんなのでいいのでしょうか」

「言葉を直させると露骨に嫌な顔をされます」

「書くことを面倒くさがります」

「いつも2、3行で終わっています」

……などなど。

お母さんご自身が、小さいころに書くのが嫌いだったのでどう言ったらいいのかわからないという方も少なくないようです。

ここで、少し立ち止まって考えてみましょう。
「良い作文」とは、どういうものでしょうか？
そうではない作文とは、どう違うのでしょうか？

そもそも、書くとはどういうことなのでしょうか？
子どもと、私たち大人にとって、書くという行為は、同じことなのでしょうか？
さらに言えば、書くことって、必要なことなのでしょうか？

これらの問いについて考えを深められたとき、はじめて、子どもの書くものへの理解、そして書いたものを伸ばしていく方向性が見えてきます。

本書は、「書く」ということをテーマにして、筆者が花まる学習会の現場で子どもたちを見つめ、教えてきた経験から生まれたものです。

親はどうすればいいの？

本書のテーマは、**「子ども」が「書くことをおもしろいと感じるようになる」には親はどうすればいいのか、**ということです。ゴールはそこにあります。

そのために、「書くことへの意欲を削がないようにするにはどうすればよいか」「おうちの人の役割とは」そして「書く力を高める方法」についてお伝えしていきます。

書くことはおもしろい、書くことには意味がある、と思える人は、社会に出てから活躍できる人です。

なぜかというと、私たちは言葉でやりとりをして生きているからです。文章という表現手段を自分のものにできている人は、言葉を使って社会に対して働きかけることができるのです。言葉で人を魅了し、動かすことができます。

もっと卑近な例でいえば、**高い学力に通底しているのは高い言語力です。**自分以外の人を納得させられる正しい言葉、魅力的な言葉を使えるということは、正しく読み、正しく書けるということです。**中学受験、高校受験、大学受験、就職試験……社会で活躍できる人を採りたい場面では、当然有利でしょう。**

本書を読み終えたときに、ご紹介した取り組みのひとつでも「やってみよう！」と思っていただけたら、本書はその目的を果たしたことになります。

ご存じのとおり、世に大人向けの文章技術の本はごまんとあります。そこで語られている方法には、それぞれ根拠があり、納得でき、それぞれに魅力的です。けれども、たとえば、7歳の子どもにその技術はそのままの形では伝えられないのです。なぜなら、大人ではないからです。

私は、4歳児から中学3年生（15歳）までの子どもたちを見てきました。その経験からすると、ある時期までの子どもへの文章指導というのは、大人と同じ方法である「べきではない」のです。現場を持ちつづけてきた立場だからこそ、**わが子の書くものに対して、親が持つ要求や希望をそのままぶつけてもあまり効果はないぞ、ということに気づいたわけです。**

子どもの立場から文章を考えてみると

私は日々、さまざまな年齢の人が書いた文章を見る立場にあります。授業で子どもたちが書く作文もそうですし、社内文書、もちろん書籍や、ネット上のテキストも読みます。そのなかで、「この文章をよりよくするとしたらどんな点か」「この文章の魅力はどんな点か」ということを言葉にしてみる機会に恵まれてきました。そこで気づいたことがあります。

まずひとつ目は、**9歳から10歳以降の子どもと大人とでは、文章の課題は「ほぼ同じ」だということです。**多くの作文、コラムなどを分析した結論が、これです。両者の文章の課題を書き出していったところ、相違はほとんどなかったのです。

書くということには思考が伴いますが、この年ごろになると、思考の仕方が大人とそう大差なくなってくるのです。

もちろん個人差はいつでもあるのですが、大まかに9歳以降の子どもは、大人とさほど変わらない文章を書く。もちろん、使っている語彙や知識は経験に由来するので違うのですが、基本的な接続語は使えるし、感情表現も入れられる。起承転結で物語を考えることも可能です。できあがる文章にものすごく大きな隔たりはなく（大きな本質的違いはなく）、だからこそ、同じ「推敲の視点」を浮かび上がらせることができます。

そして2つ目は、**8歳くらいまでの子（赤いハコ）の書くものは、それ以降の発達段階にある子のものとは、別だということです。**花まる学習会では、4歳から9歳ごろまでの時期を「赤いハコ」と呼んでいます。詳しくは、第3章にて後述します。それに先んじて、ひと言でいうと、この赤いハコの時期の子どもは、我々大人とはまったく別の生き物です。個人差はもちろんありますが、**生き物としての本質が違うから、この時期の子どもに大人と同じものは「求めても意味がない」のです。**

たとえば、相当な長さの物語にならない限り、この時期の子の書く文章には、指示語や接続語は多用されません。

ちなみに指示語は、すでに述べたことについて、読者の読みやすさを考えて用いられる「言葉の省エネ」です。そして接続語というのは、文と文、段落と段落、つまり言葉のまとまりをつなげていくための、大事な道具です。

赤いハコの子どもたちの本質は、私たち大人とはかなり異なっています。彼らは基本的に振り返るということをしません。そもそもできないのです。したがって、読み手を想定して指示語を使ったり、接続語を用いたりするという視点そのものがありません。結果として、同じ「書く」でも、かなり違うものになる。もちろん、推敲には向いていない時代です。

このように、一口に「子どもの作文」といっても、その成長段階によって、大きな違いがあるのです。

子どもは大人になります。ですから、社会で通用する文章を書くことが最終的には必要です。けれども、先述のような「生き物としての違い」がある以上、子どもという場所からも、文章について見てみることが必要だな、と思ったのです。

それは日々、授業で4、5歳からの子どもたちと接している私だからできることなのだろう。そう思い、筆をとりました。どうぞお付き合いください。

2016年7月

竹谷　和

Contents

第2章 お母さんによくある作文の誤解

第3章 子どもの「書く」と大人の「書く」

第4章 作文の「ほめスキル」を上げる！

第5章 お母さんがやってはいけないこと

第6章 お母さんがやってあげたいこと

第7章

書くことだけが書く力を伸ばすわけじゃない①

話す／聞く

第8章

書く／読む

書くことだけが書く力を伸ばすわけじゃない②

書いたものは、その人の今

おわりに

特別付録

読書感想文を90分で書く

装丁／坂川朱音（krran）
イラスト／大塚砂織
本文デザイン・ＤＴＰ／新田由起子・徳永裕美（ムーブ）

こ
と
ば

第1章

「何のために書くの？」とわが子に聞かれたら

書くってどういうこと？

まず考えたいのは、「そもそも書くって、どういうことなんだ？」ということです。

ここでの主語は、「大人」としておきましょう。われわれ大人は、なぜ書くのだろう。なぜ、ペンを手にとり、キーボードをたたき、書くのでしょうか。カフェでおしゃべりすれば、電話で話せば、伝わるじゃあないか。それだけでいいのではないでしょうか？　あなたはどう思いますか？

この問いを立てたのには、理由があります。

これまでの教育においては、「なぜ書くのか」ということについては、ほとんど子どもたちに説明されてこなかったのではないか、と感じているからです。

読書感想文の課題は出される。

土日には日記が宿題になる。

作文コンクールなんてものも山ほどある。

けれども、「書く」ことの書くという行為そのものの持つ意味や書かれた言葉の持つ力については、もうすでに大人である私たちも含め、ちゃんとは説明されてこなかったのではないか。

これに真摯に答えようとするならば、そもそも「なぜ人は書くのか」ということについて、われわれ大人が言葉にしてあげなければならないのではないか。私はそう考えています。

世の中には文章技術についての本はたくさんあります。「よりわかりやすく書くために」「言葉で伝える方法」などというテーマはたくさん見受けられますが、**「なんで書くのかな？」という質問に答えてくれる本はほとんど見たことがありません。**

あなたはいつ、何のために書きますか？

あなたは、いつ書きますか？　何を書きますか？　なんのために、書きますか？
少し時間をとって、書きだしてみてください。

私は、というと……ざっと、この1週間で書いたことを洗いだしてみます。

□**仕事**
メール：仕事を進めるうえで必要な情報を相手とやりとりするため。
企画書：承認してもらう相手に企画の意図をわかりやすく伝えるため。
研修のレジュメ作成：話すだけでは残りにくい情報を伝えるため。
日報：自分の業務を然るべき人に知らせるため。また、自分の1日を振り返り、次につなげるため。

□**授業（もちろんこれも仕事ですが！）**
子どもの書いた作文へのコメント：書いたこと自体への承認。誤字脱字など添削。

連絡帳に書かれた保護者からのコメントへの返信：メッセージに応えるため。

□私生活

日記：その日あったこと、感じたことを忘れないようにするため。
手紙：お世話になった方などへメッセージを伝えるため。
ＬＩＮＥ：友人とのスケジュール調整のため、その日あったことの共有をするため。
旅行のスケジュール作成：一緒に行く人と考えていることを共有するため。

それでは、書くということの目的を、ここまでの内容をもとに整理してみましょう。
ざっと、こんな感じでしょうか。

①情報やメッセージを発信する
②自分を振り返る

これらは、「話す」ことでは実現不可能なのか。のちほど考えましょう。

初めて書いたとき、目的はなかった

では、次の問いです。

記憶の限りで、あなたが、一番最初に「書いた」ときのことを思い出してみてください。

私自身の経験でいうと、書くことについて最初の記憶は、小学2、3年生ごろのある出来事です。

本が好きな子どもでした。ある日、図書室で読みたい本を探す私を見て、そこにいたある先生が薦めてくれたのが『ひろしまのピカ』（小峰書店）という絵本でした。

これには衝撃を受けました。ご存じの方も多いかと思いますが、これは、丸木俊さんという著者が思いをこめて描いた、広島に落とされた原爆の惨状をまとめたものです。

私がここであれこれ詳しく説明するのは不要でしょう。この本の絵と文章を全身で感じとった私に、そこから「死」への不安が芽生えてしまいました。そして、考え始めました。

「死んだらどうなるんだろう」「お母さんも死ぬのかな」「スイスは永世中立国で戦争はしないらしい」「日本はどうなんだろう」……などとひとり、ノートの切れ端に書き続けたのです。

幼い私は母に見られてはならない、と思ったのでしょう。この切れ端は引き出しの奥のほうにしまいました。誰にも見せないものとして言葉を書いた、初めての記憶です。

ここでのポイントは、**誰にも、何も言われていないのに「書いた」ということです。何のために書くのか、という目的など考えもしませんでした。ただ、書いたのです。**

先日偶然見たドキュメンタリーは、シベリアに抑留されていた日本人についてのものでした。

命も危ぶまれる過酷な環境のなかで、彼らが書き残したものが映し出されました。紙などなかった状況でしたから、書き残した先は、空き缶の端だったり、樺の木の皮だったりしました。内容は、生活のつらさももちろんありましたが、同時に、自分の身に訪れた小さな小さな喜びについてのものでもありました。

この人たちに、書く「目的」がはっきりあったのかどうか、私には知り得ないことです。ただ、事実として、求められてもいないのに彼らは、書いたのです。

当時の私は、そしてシベリアに抑留されていたあの人たちは、なぜ書いたのか。この問いに答えるには、人にとって言葉がどういうものなのか、を考える必要があります。

感じて、思って、考えだすと表現せずにはいられない

当時の私やシベリアに抑留されていた人たちは、なぜ書いたのか。

①情報やメッセージを発信するためでしょうか。

②自分を振り返るためでしょうか。

シベリア抑留を受けていた人たちは、言葉を残したかったのかもしれない。いつ死ぬともわからないなかで、家族や、友人を思って。たとえ届くかどうかはわからなくても、書きたかったのではないでしょうか。

2～3年生当時の私も、半ば無意識に筆をとったわけです。そして、書いたものを残したかったわけではなかった。むしろ隠していましたし、母に見せることはできないと思って引き出しの奥のほうに突っ込んで、書いたことを「なかったこと」にすらしようとしていた。

自分の心のなかにわき出た、どろどろっとしたものを取り出さずにはいられないという状態だったのでしょう。どろどろっとしたもの。自分はなぜ、こうして生きてい

られるのかと初めて問うたし、生きているということが極めて不安定なことなのではないか、というおそれに他なりませんでした。そうして、自分の書いたものを見たとき、ある種の驚きが、そこにはあったように思います。それがいいことなのか、悪いことなのかわからず、言うこともできなかった。だから、しまった。

同時に、おぼろげながら覚えているのは、書き終わったあとに少しすっきりした気持ちになっていたということ。

生死がかかっている状況のとき、そして、まだ大人の視点を持ち得ていない子どものときに書いたものは、どちらも「文字をつづる」ということの根本的なありようを示しているように思えるのです。

それは、**ひと言で表せば「心の出口」のようなものなのかもしれません。自分の心があふれそうになったとき、人は書かずにはいられないのではないか。言葉にして自分の外に出してみることで、「自分で自分を」見つめようとしているのではないか。**そんなふうに思います。

自分の感情、思い、考えに「文字」という形を与えること、これが書くということの根源的なありようなのでしょう。

そこにいない他者を想像する難しさ

私たちは言葉を使って思い、考え、そして話したり、書いたりします。

では、言葉に関連するいろいろな行為のなかで、「書く」ということは、ほかのことどう違うのでしょうか。

「話す」と「書く」の違いは、どんなことにあるのでしょう?

話すというのは、基本的に目の前に相手がいる、ということですよね。ひとつ会話をお見せします。

A：自分の書かれてる金額用意したらさ。
B：そんなにあれだよね。
A：うん、人がいないっていう。
B：（笑）

あるカフェで、私の前で楽しそうに話していた、大学生と思しき二人組の会話を切りとりました。……到底、意味がわかりませんよね。

もうひとつ例を挙げましょう。ある会議での発表をそのまま文章に起こしました。

これだけ、見せたら絶対あれですよ、1年生で字が書けない子とか思われますよ。あの、前回、十何回、書き換えてますよっていうのも、みんなの驚きというかですね、こっちも自分がわかんないんで、みんな驚くものなんだなってていうこと。今回も出したんですよ。

……というように、話したことを文字に起こしても、そのままでは書き言葉にはならないのです。

会話には、その場にいるからこその前提というものがあり、それに言葉がのっていくわけです。表情もあるし、身振り手振りも言葉をサポートしてくれる。間、なんてものもとても有効です。

このように会話をサポートする要素がたくさんあるから、ほとんどの日常会話は、

書き言葉にしてみると、それだけでは意味は通じにくくなるのです。

では、書き言葉はどうでしょう。

本、新聞、手紙、スマホでのニュース……私たちが日々目にする文章には、読み手がまったく意味を理解できないものは、ほとんどありません。ほとんど、というのは、一部の文学作品には、意図を込めてそうなっているものもあるということです。

けれども、基本的に、書き言葉というのは「読む人が意味を理解できるように」つづられているものですよね。

つまり、**話すというのは、目の前にいる他者ありきで言葉を生み出すのに対し（現前性）、書くというのは、そこにいない他者＝読者を常に想定して届けたいことを完成させる行為だということです。**

意味の通らない文章が載っている新聞を人は読みません。文体の挑戦としての、新しい文章は文学としてありうるとしても、日常生活や仕事をするうえで、書き言葉というのは基本的に「読んだ人が意味を理解できる」ものでなければならないのです。

私は時々日記を書いていますが、最低限、何のことを書いているのかということはわかるようにしています。

自分しか読まないものですが、「読めない……。これ、なんのことだっけ？」「急にうれしいって書いてあるけど、これだけじゃ全然意味がわからない。どういうこと⁇」という内容ばかりでは、あとあと自分がこまりますよね。

書くことは「想定しきること」だから難しい

文章を書くときは、ひとりです。誰かと話しながら書くという人は、あまり見たことがありません。

ひとりで書きあげる。何をか、というと、「文章を」です。その文章には、筆者の表情とか、補足とか、間、といったものは盛り込めません。自分の書いたものを誰かが読むとき、ほとんどの場合、そこに居合わせることはできませんよね。だから、話すことは得意なんだけど書くのは苦手、という人は多いのだと思います。確かに、話すことに比べると、幾重にもハードルが用意されています。

書くのって大変だな。改めて、そう思った人もいるはずです。

そう、確かに大変ですよね。

私も、毎月、花まる学習会の保護者に対してコラムを書いています。毎月毎月、どうしたものかと頭を悩ませ、書いては読んで書き直し、書いては読んで書き直しのくり返し。

この表現が最善なのだろうか、この言葉ってどのくらい一般的なのだろうか、どういう構成がいいのだろうか……。

つまり「これで読者に伝わるだろうか」ということを常に疑いながら書いています。多いときには20回くらい直すこともあります。書いたものを読み過ぎて、いいのかあと一歩なのかがもうわからない……というような事態になったこともあります（その都度、まわりの人に感想を聞き、アドバイスをもらうことでなんとか完成させるのですが）。

もう提出してしまえば終わり、ではあるのですが……。「あの言葉じゃなくて、こっちを使ったほうがよりよかったかもしれない」と思うことも、ほんの時々あります。それほど、「これで伝わるかな」という問いかけには際限がないのです。

これは言葉に関連する行為のなかで、文章という、書く行為ならではだと思います。読者の反応ありきで変えていくことができない。**ライブではなく、事前録音なのです。書くときに私たちは、読者をできるだけ「想定しきらなければ」ならないのです。**

書くことの利点って？

ここまで考えると、「書く」という行為は、大変なことばかりのように思われます。

では、逆にいいところって、どんなところなのでしょうか。

書くことの最大の利点。それは、「見返せる」ということです。

見返せるというのは、ちょっと前の自分、つまり書いた自分を振り返ることができる、ということです。

「昨日の○○さんとの会話の内容を思い出して」と言われても難しいですが、それを書き残しておけば、探すだけです。

いわゆる、「言った言わない問題」は世間にあふれています。これは「会話」だけで終わってしまったから起こるわけで、書き残しておけば、さかのぼることができます。

当然と言えば当然、けれども「書く」ということの大きな特徴のひとつだと思います。

「計るだけダイエット」でやせるのはなぜ？

ところで、「計るだけダイエット」というものを知っていますか？

名前のとおり、体重を計るだけのダイエット法です。「計る」というのは体重を「記録する」ということです。なぜ、計るだけでやせるのか。

毎日自分の体重を計り、増減の変化をグラフにつけることで、「飲み会が3日つづいちゃったな」とか、「夜遅くに食べる日がけっこう多かったな」「食べたあとにソファに横になったらそのまま寝ちゃったもんなあ」というように、自分の行動を振り返ります。そうして何が原因で体重が増えたのかに気づき、自然と肥満の原因になる行動を排除していくのだそうです。

つまり、「記録する＝残す→観察する」なかで、「自分の日々の生活を整えよう」とか「上手にコントロールしたいな」という意識が生まれるのです。そこから、体重増加の原因について気づきが得られ、行動につながり、結果が出てくる＝体重が減るというわけです。

書くことで見返せる、気づける、意識する

書くということも、この「計るだけダイエット」によく似ていると思います。

書き残すから、私たちは読み返すことができます。そして、読み返すなかで、新たな気づきを得られているのではないでしょうか。

「ああ、1年前の自分ってこんなこと思ってたんだ。こういうことに悩んでいたんだな」

「そうそう、そうだった。あれつらかったなあ」

「でも今は、ここについてはこういう考えに変わっているな」

「この部分は、今の自分はうまくやり過ごせてるじゃないか」

「たぶんあの件も、いい方向にやれるんじゃないか」……といったふうに。

右の例はまさしく私自身のつぶやきですが、言ってみれば、**日記は1年後の自分に向けての「ニュース」なのです。ただし、求めて振り返ることで得られるニュースです。**「ちょっと前のあなたは、こんなことを考えていましたよ、今はどうですか？」

■ 話すことと書くことの違い

	話す	書く
残り方	記憶とともに消えていく ▶振り返ることはできない	残る ▶振り返りが可能 ▶他者と共有しやすい
相手	目の前に相手がいる ▶反応次第でその場で変えていける	相手は想定しないといけない ▶スムーズに理解してもらうために言葉選びの工夫が必要
サポート	表情や間、ボディランゲージなどのサポートがある ▶多少言葉に不足があっても、言葉以外の部分で補える可能性がある	何もない ▶書き言葉だけで勝負する

という、「過去の自分」から「今の自分」へのいわばお知らせなのです。そのニュースに触れると、人は考えざるを得ません。自分に問いかけざるを得ません。そこから意識し、行動につながっていくことでしょう。

日記だけではなく、手紙とか、文集などといったものでも、同じ効果があるかもしれません。誰かに読まれるものとして書いた文章も同じですよね。レポートも報告書もブログも。そのなかで、自分の成長を感じたり、新しい発見をしたりできるのです。その延長線上にこれからの自分自身の行動や生き方があるはずです。

「読み返せる」「そこから、気づきを得られる、行動に変えていける」というのが、書くということの大きな利点なのです。

まず大事なことは正しい観察

ここまで考えて「計るだけダイエット」の話に戻すと、このダイエット方法を軌道に乗せるための必須条件が見えてきます。

それは、「体重をごまかさない」ことです。

正しく記録しないと、変化には気づけません。直視したくない現実があっても（体重！）、ありのまま記録しないと、気づきは得られません。**観察ありき、事実を正しく残すことありき、なのです。**

文章も同じです。思ってもいないことを書いても、それは1年後の自分のニュースにはなり得ない。思っていなかったのですから。それを読んで、感じるものはないでしょう。よって、そこから得られる教訓は何もありません。書いたことの実りは「ない」。

同時に、ほめてもらいたい、認めてもらいたいという気持ちばかりで書いた文章も、結局自分の血肉にはならないのです。

正しく観察すると「自分の言葉」になってくる

花まる学習会のスタッフには、共通言語がいくつもあります。そのひとつに「自分の言葉」というものがあります。

「自分の言葉」というのは、「相手に、読ませてしまう言葉」でもあります。自然と目が追ってしまうのです。読んでもらえるから伝わる。だから納得させられる。引き込むことができる。オリジナリティともいうのかもしれません。

自分の言葉をつむぐために、ひとつ、大事なことは、正しい観察です。

同じものを見ていても、そこから感じること、思うことというのは人によってまったく異なります。もともと、人はそれぞれの見方というものを持っているのです。

でも、いざ書くとなると、「いいものを書きたい」とか「評価されたい」といった気持ちのほうに重心をとられてしまったり、うまくそのまま書き表せないというもどかしさを感じたり……。

そうしているうちに、自分がどこに注目したかとか、どういう感じを受けたのかとか、肝心の部分がすっぽり抜け落ちてしまうことがあるのです。

そうなると、どんなに言いたいことや伝えたいことがあったとしても、読み手からすれば伝わってこない、読んでいてもグッと来ない文章になってしまいます。

自分の言葉、というのはですから、決して独りよがりな表現ということではありません。

どんなに思いが詰まっていても、どんなに「感動した」と文字で書いてあっても、読み手が同時に心動かされるような「書き手の感覚」がないと、読み進めてはもらえません。多少拙《つたな》くても、いい目を持って、それを言葉に落とし込めていれば、いい文章だといえると思います。

大事なのは「その人にしか言葉にし得ないものが、その文章にあるか」ということです。

「書くこと」が「考えること」になる

自分の言葉で書き残すことを続けると、「書く」ということは「考える」ことになっていきます。経験と思考が、書くことで結びついていく感覚は、他に代えがたいものがあります。書くことを通じて、自分のなかで問答が重ねられます。時には思いもよらなかったところに行きつくこともあります。そして、書いたことは、明らかに覚えているのです。たくさん自分の頭を使って考えたことというのは、忘れない。迷ったり苦しんだりしたことも含めて、忘れません。「書いた」という行為自体は忘れていても、その内容は自分の考え方にふくまれているのです。忘れないとどうなるかというと、人生の大事な局面でそのことを思い出せるわけです。

「あのときはああだったな。なんでかというと、あの出来事があったからだ」といったふうに、節目節目の判断で、それまでの自分の経験が生かされるのですね。

これは、哲学を持つ、ということとも言い換えられます。容易なことではありません。自分が信じるに値するものを形作っていくということですから。

哲学が定まると、日々起こる物事への価値基準が定まります。「それはどういうことなのか」と、本質がつかめるようになるということです。そして、的確な判断ができるようになります。それは、人生の重大な節目節目で、人のせいにしない、自立した身の処し方ができる、ということです。

こうやって、**自分の経験を言葉にして考え、振り返り、行動につなげてきた人は、言葉の力を持っています。だから、人が魅了されます。人がついていきます。**

書かないと忘れる

花まる学習会のスタッフは全員、日報を書くことがルーティンになっています。基本的な業務報告が日報の第一義ですが、全体のコンセプトは「自分のための言語化」です。組織の一員として、自分の今日行なった仕事がどんな意味を持っているのかを考え、言葉にして記録することで、それはチーム、部署、組織へと還元されていきます。社員同士での日報上でのやりとりもさかんです。

けれども、**最終的に自分が書いたものの還元先は、自分です。**おそらく、自分にとって本当に意味がないと思うものは、組織にとっても意味はないのです。

逆に、これを自分が残しておくことで、数年後の自分の栄養になるというものは、結果的に組織の栄養にもなる、ということなのです。

授業のあった日は、よく「スケッチ」をします。これは、授業中のふとした一コマ、けれどぐっと心を動かされた瞬間を記録しておくというカテゴリです。

たとえば、3月のある日、年長クラスでのこと。もうすぐ1年生になる彼らに、4月以降に使用する教具やテキストを渡しました。ほかの子たちの多くが、木でできた立体教具などに目を輝かせているなか、漢字好きのある男の子は真っ先に漢字辞典を手にとり、パラパラとめくってこう言ったのです。

「すごいっっ！　こんなにわからない漢字があるっ‼」

この瞬間、私の心がシャッターを切っていました。世界にはまだまだ知らないことがあるというそのことを表明した彼の表情の、なんとすばらしいことでしょう。憧れに近い、愛でたくなる気持ちでいっぱいになったことを今でも思い出します。

こういう瞬間は、やっぱり、書いて残さないと忘れてしまうものなのです。日報に書き残さなければ、とったメモはどこかにいってしまっていたでしょう。それは、心動かされた自分、感じた自分が薄れていってしまうということでもあります。その場その場の判断で、参照する自分がいない、ということは、その都度、誰かの言葉や誰かの考えにすがらなければならない。根を張れずに、ただよっている水草のように。

日々の自分の心の動きが残らない。それは、経験が積みあがらないということであり、言葉の力がつかないということであり、結果的には、哲学が磨かれない、ということでもあります。

言葉の力を備えた状態で社会に送りだす

さて、ここまでで、書くということの全体像が少しずつ見えてきたでしょうか。

書くということの最大の利点は、残せるということでした。残っているから読み返すことができ、それがその人自身に気づきをもたらし、意識や行動を変えていく力があるということをお話ししました。

そして、残せるということは他者と共有できるということだともお伝えしましたね。ただ、書くということには、何のサポーターもいません。表情も、間も、身振り手振りも書いたものを支えてはくれません。

見えない読者を想定して、言葉を選び、つなげていくということから、話すことに比べるとかなり高度であるということもわかってもらえたかと思います。

本書の最終ゴールは「子どもが」「書くことをおもしろいと感じられるようになる」ためにはどうすればいいのか、ということでした。

そのためには、まず書くというのがどういう行為なのかを明らかにしよう、ということでここまでお伝えしてきました。

私たちが「書いている」子どもに接するとき、常に意識しておきたいのは、彼らが社会に出たときのことです。書くという「使える道具」を持っていることで、子どもたちの人生がより生きやすく、すばらしいものになるように。

第2章

お母さんによくある作文の誤解

第1章では、書くという行為の特徴について述べました。この第2章では、第1章をふまえて、子どもの書くものについて、私たち大人はどういうことを大切にしてあげるとよいのか、その全体像を示してみたいと思います。

よくある子どもの作文3つのパターン

現場で見ていると、子どもの作文は大きく3つの類型に分けられます。

①あったこと・感じたことを書く

子どもたちがいわゆる「作文」として書くもののなかでは、これが一番多いのではないでしょうか。

「運動会をしました。赤組は3位で悔しかったです」とか「スキーにいきました。ターンができるようになりました」とか「ボウリングをしてストライクをとりました」といった、日々の出来事と、それに付随する感情を書いたものです。

1年女子

しおひがり

うみについてどうやってとるのかわからなかったけど、おじいちゃんがおしえてくれたからいっぱいとれた。おにいちゃんは、あそんでいたけどじぶんは、いっぱいとりたかったからがんばってほったらおおきいあなができ た。サンダルをぬいであなにはいったらちくちくした。てをいれたらあさりがいっぱいあった。のこらずぜんぶとった。かえるときさかみちがあった。さかはすごくきゅうだった。くるまについてきがえておじいちゃんちについた。よるごはんはごはんとあさりスープとあさりをバターしょうゆにした。

この作文は、１年生が花まる学習会で初めて書いた作文です。「あったこと」ベースですね。１年生なのでもちろん、目的語がなかったり主語が欠けていたりと、多少拙い表現もありますが、正確に出来事を描写しているので、しおひがりの様子が手にとるようにわかります。的確に目と心でスケッチしていることがわかる作品です。

②考えたことを書く

4年女子

ぽこっ

　なにかをしていると、ふいに文章が「ぽこっ」とうかんでくる。頭の中に、ほかの何でもなく本当に「ぽこっ」という感じでうかんでくるのだ。それも、とてもいろいろな場面が。だから「たとえば」なんて書けない。

　うかんできた文はすぐ忘れるから。この作文の書き始めもその一つだ。

　書き言葉ならではの作品ですね。出来事ベースというよりは、心に去来したこと、そこから思いめぐらせたことをそのままスケッチしているのです。これは書かないとどんどん消えていく類の内容です。「誰かに読んでほしくて書いた」というよりは、モノローグに近いといえるでしょう。

　私たちは「思う」「感じる」と「考える」ということを一緒にしてしまいがちです。「思う」というのは、心中で単純なひとつの希望や意志、判断を持つことです。

　一方で、「考える」というのは、「あれこれ思いめぐらすこと」「二つ以上のことを頭のなかで比較して頭を働かせること」です。

たとえば、「運動会で負けて悔しかった」は「思う」の範疇ですが、「運動会で負けて悔しかった。あれだけ練習したのにこの結果だったからこその悔しさだと思う」は「考える」行為だといえるでしょう。

③人を楽しませようとして書く

6年男子

イッツ・クール

今日、学校で図工をやりました。

少しおそいほうだったので、急いでやろうとしたら、液体ねんどの人は終わったら何もできないらしく、少し安心しました。ねん土が、すぐ固まるらしいので、また早くやろうと思いました。ねん土に手をつけました。

「おお〜めっちゃ気持ちいいやんけ。」

と、関西弁で、心の中で思いました。

冷たくて、気持ちいいのです。服を汚している事にも気づかず、やっていました。そう、これがクールビズです！！（夏はもう終わりました〜）

冷たくて気持ちいいので、最高の授業でした。（その後給食だったので、急いで洗いました）

この男の子は、いつも読んでいてついついくすっと笑ってしまう文章を書きます。人を笑わせることにも長《た》けています。これは、いい受け手としての自分がいる、ということですよね。こうしたら笑うだろう、というような、読む人の立場に立てているということです。他者性があるともいえます。

先日も、授業でこの子が書いた作文を私が読もうとしたら渋い表情。「どうしたの？」と聞くと、「いや〜、おもしろくないんですよねぇ」と何回も言っていました。

簡単に類型化してみましたが、この類型自体にはさほど大きな意味はありません。

①②③すべての要素が入っている文章はたくさんありますし、「②考えたことを書く」が高尚というわけでもありません。

子どもの発達段階を考えると、「②考えたことを書く」だけで構成されている作文は、先述した「青いハコ」の時代に入った子どもが大体10~12歳ごろから書くことが多いものです。大人が書くレポートや論文などには、②は欠かせない要素です。

「③人を楽しませようとして書く」は、子どもの年齢に関係ない部分だと感じます。後述しますが、やれる子は何歳からでもやっています。目の前の人を楽しませようという態度は、その人の魅力につながりますね。

なぜ作文では「総括」が求められるのか

ある子が、学校で使っている日記帳を見せてくれました。1週間に1回くらいの頻度で5、6行ずつ書かれているものです。

手にとって読んでみたところ、「……んん??」と奇妙なことに気づきました。日記ですから、日々の出来事はそれぞれ違います。

けれども、そのほとんどすべての終わり方が共通していたのです。「また行ってみたいです」「楽しかったです」「今度～するのが楽しみです」というのが、「三大終わり方」でした。

この「総括癖」ともいうべき終え方は、ほかのいくつかの学校文集にも見られました。**疑問なのは、コメントを見るかぎり、この総括オンパレードの作文に対して学校の先生は何の疑問も感じていないように思えることでした。**

実は大人でも、こういう「総括癖」がしみついている人はいます。いつも「～していきたいと思う」とか「~していく」を書かずにはいられないのです。

そのあと、実際に行動に移していたりするのなら書いてもいいと思うのですが、そういう様子は見られない。ただただ形式的にまとめているだけ、という感じがしてしまうのです。

書くことの本質を見据える

花まる学習会では、小学1年生は9月から作文を書き始めます。文章をつづるということにまだ慣れていない子たちは、たとえば先述の「しおひがり」のような文章を書きます。あの文章に「総括」がなかったのは、明らかですよね。書き始めのころというのは、どの子もそうなのです。

それが、どうしたことか、徐々に「楽しかったです」「またがんばりたいと思いました」といったような終わり方が、見られるようになってくるのです。何もこちらは指導していないのに。

どこかで、こういうテンプレート的な指導がなされているのでしょう。おそらく、それは言い換えれば、「自分の気持ちを入れなさい」という指導なのではないでしょうか。

さあ、ここで「何のために書くのか」というゴールに立ち返ってみましょう。ここが大事です。

書くということの効能は、文字として残すことで振り返り、気づき、行動につなげていくということでしたよね。

ただ、これは一定以上の年齢の人にとっての話です。目的的、合目的的であることは、子ども、特に赤いハコ（4~9歳位）の多くの子どもにとってはできませんし、必要ありません。

では、この赤いハコの時期に**何が大事かといわれれば、よく観察して言葉にする、という基本の部分です。**

計るだけダイエットと同じで、正しい記録を残さなければ、然るべき気づきは得られないのでしたよね。それと同じで、書き記すということの根本にあるのは、ありのままを書き残す、ということです。

もちろん、1年生にして、ある出来事から自分なりに考え、オリジナルの教訓まで導き出す子はいます。そうやって書かれた「総括」は、非常に価値あるものです。

けれども、「そういうのじゃないといい作文とは言えません」という大人の間違った評価に固められて生まれた「また~したいです」というのは、その子にとって意味があるのでしょうか。

こまやかな観察に終始する。それの、どこがよくないのでしょうか。

書くということのゴールに直結した、真っ当な書き方のはずなのに、大人の側が、大人にとっての書く意味をただ薄めたような教え方をしてしまっているのです。

それが続くと、「とりあえず、こう書いておきゃいいでしょ」とでもいうような、意味のない総括で締めるのが作文ということになってしまうのです。書くことの本質に自分で気づいていく可能性を台無しにしてしまっていないでしょうか。

いい観察ができていれば認めてあげる

2年男子

ぼくの教室

ぼくの教室には遥が二人遥海《はるか》が一人それを両方あわせて三人いる。でも一人の遥海は、せきが遠いから、

「ねえ遥海。」

とよんでもきづかないけど、あと二人の遥は、せきがとなりだから、よぶと、

「何？」

と、二人でいっしょにきくからちょっとややこしいです。

これは、ひとつのいい観察です。

読んでいて、同じ教室にいるかのような気分になってきませんか？　まるで二人の「遥君」が、同時にくるりとこちらに顔を向けるのが見えるようです。

2年男子

何してるんだ？

学校の帰り道、信号で、前にいる小さい子が信号できいろになったら
「きいろになった！きいろになった。」

と、うれしそうにいいました。上の信号が赤になって、歩道の信号が青になると、

「青になった青になった！」

と、顔をふりながらわたっていました。友達とすごく（笑）になりました。


これも、横断歩道での一場面が浮かび上がってくるかのようですよね。よく見ていたなあ、と感じさせる、いい観察だといえます。

たとえ一瞬の出来事でも書きたくて書いたこういう文章は、まぎれもなくいい作文なのです。**長い短いはまず関係なく、出来事を自分の目でそのまま活写できているか。**

これを、子どもの書いたものを認める大事なものさしにしてほしいのです。

ありのままに書く、ということが当然になった子にとって、書くということは別に何でもないことです。

逆に、「気持ちを書きなさい」と小学1年生から言われても、それはなかなかハードルの高いことです。場合によっては、やらされ感でいっぱいになってしまう子もいる。そうなると、書くことは「ただ面倒くさいこと」にしか思えなくなるのです。

思わず観察してしまう時間を子どもに

さて、作文（文章）を書くときには、丁寧に観察ができているかどうかが大事だ、ということをお伝えしました。この「ものを見る目」というのは、感性とも言い換えられそうです。同じ場所から同じものを見ても、感じること思うこと気づくことというのは、人によって千差万別だからです。

ものをよく見ている人というのは、総じて気づきが多いものです。結果として、人より多く考えることができます。道を歩いていて、街路樹のちょっとした変化に季節の巡りを見出せる人は、そうでない人よりやっぱり豊かだと思いませんか。

気づいたことへの意味づけは、できるならしたほうがいい。

けれども、それは誰かから「やりなさい」といってさせられるものではありません。いつでも観察と、それへの意味づけを同時にできれば理想的ですが、私たちはそういうふうにはできていません。頭で考えるより先に「見てしまう」、そして「感じる」ということがあるはずです。作文でも常に意味づけ（感情を入れる、とか、総括とか）を求めるのではなく、まずは「よく見ているか」という視点を大事にしてください。

では、観察が上手になるには、どうすればいいのでしょうか。

最も必要なのは、「観察してしまう」ような時間や環境を確保してあげることです。

これは、言い換えると「目的的ではない状況」ということです。ぼーっとしている時間、大人からすれば一見意味のない時間、といってもいいでしょう。

先ほどご紹介した2つの作文のシーンはどちらも、本当に何気ない、つまり「〜しなきゃ！」という意識にとらわれていないからこそ、目撃できた内容ではなかったでしょうか。

社会に出てから真価を発揮する部分だと思うのですが、同じ現場を見ていてどんどん改善点を掘り出せる人と、そうでない人とがいます。ひとつの会話から、さまざまな気づきを得られる人と、ただ話すだけで終わり、という人とがいます。

より多くを見出せる人は、その状況をより言葉にすることができます。その言葉によって、改善を実行に移していくことができます。結果的に、実現できることも多くなるでしょう。同じ景色を見ていて物事に気づく量の多寡というのは、非常に大きな分かれ目になってしまうのです。

この「見えている量の差」「気づきの量の差」は、もちろん器官としての目の良し悪しではありません。ひと言でいえば、「感じる力」の違いだと思います。

たとえば、「この部屋で掃除すべき個所／こうなったらいいのにな、と思う個所を洗い出しなさい」という課題が出されたら、より気づきの多い人とは「何が気持ちいいと思うか」「きれいとはどういうことなのか」ということへのアンテナ、つまり感性の鋭い人でしょう。

「子どもたちが電車に乗って楽しそうにしているこの写真を見て、どこが危ないと思いますか」と聞かれたときにより気づける人というのは、「子どもがどうなったら危ないか」ということについて、より感性を研ぎ澄ませられる人です。

考える前に感じること。これが、何より大事なのです。

観察してしまう状況を、「目的的ではない状況」と言い表しました。これをまた言い換えると、「感じることが中心になっている状況」ということです。

人は、目的やゴールを与えられると、ほかのこともその目的やゴールに照らし合わせて考えてしまいがちです。途中の道のりは、ゴールのためにあるものになってしまう。いつも「考えて」しまうのです。

途中のちょっとした草花や、景色の変化は「目的に関係ないかぎり、いらないもの」となってしまう。感じることよりも考えることのほうが、先行してしまうのです。

では、目的的ではない状況とは、たとえばどんなものでしょうか?

子どもが「感じる時間」①あそび

これは、疑う余地のないところでしょう。特に全身を使う外あそびは、最高に「感じる力」が発揮されている時間だといえます。たとえば木登り。足をかけてみると、木のこぶの大きさがわかります。「ここじゃないな」と別のこぶに足をかけつつ、「手はあの枝かな」と伸ばしてみる。たとえば大縄とび。縄の回ってくるリズムを感じて、自分の歩幅を合わせせます。「うわ、ひっかかる！」と感じたら急いで身体を縮める……。考える前に「感じている」のがよくわかると思います。しかも、やる気に満ちて。

ありとあらゆる形や色、触感を教えてくれる自然を相手にしたあそびも、観察と発見の宝庫です。川や海に行くと、子どもたちが夢中になるのが「石集め」です。「できるだけ丸い石」とか「しましま模様の石」といったルールを決めて足元を見始めると、時間はあっという間に過ぎていきます。同じものが何一つとしてないからです。

大人からすれば「遊んでいる＝生産的でない」と思うこともあるかもしれません。けれども、良質なあそびというのは、とんでもなく豊かな価値を持っているのです。

子どもが「感じる時間」②
通学路（での道草）

子どもにとって目的にしばられない時間。

あそびの次は「通学路（での道草）」だと思っています。毎日毎日、子どもにとっては必ず通る道。同じ木が植わっていて、同じお店が連なっている。無理やり**名付けようと思えば「移動」ということになるのでしょうが、いわば一日の「余白」といってもいい時間でしょう。**

私の小学校時代、通学路は片道2キロでした。ありとあらゆるところでの道草。雨だれに穿《うが》たれた畑の畝《うね》を凝視しては「ビッグサンダーマウンテンみたい……！」と空想を広げ、シジミチョウを見つければ捕まえるまで帰らず、満開のツツジの花の蜜を吸い、有刺鉄線にひっかけてワンピースをびりびりにやぶき……。小学校生活が始まったばかりで心配だった母は、そろそろ帰ってくるだろうという時間になると私たち（双子です）はまだかとマンションの廊下に立っていました。遠くに2つの黄色い帽子が見えたのも束の間、それはあっちへ行ったりこっちへ行ったり……。結局、毎日

1時間以上かけて帰ってきていたようです。

通学路には、端から端までけやきが植わっていました。子どもにとっては「延々と」続くけやきの木の下を、春夏秋冬6回分歩いたということになります。

私にとって、けやきの通学路はまず、自然の美しさを最も身近に見せてくれた相手でした。初夏のみずみずしい緑色の葉に透明感を見出し、盛夏は濃く色づいた梢の日陰を頼りに歩き、秋は極彩色に感嘆する。冬から春になるにつれ、だんだんと黄緑と枝の茶の調和がとれてくるようす。今でも小説などの描写にこの木が出てくると、映像として脳裏に映すことができるほど、心にスケッチできています。それは、見ることと同時に、感じるままに感じられていたからです。毎日通う道だから、季節の移り変わりを鋭敏に感じとれたのでしょう。自然が教えてくれるものは、本当に豊かです。通学路に自然があったら理想的です。

私は5年生ごろから塾に通い出しました。そして時間に追われるようになり、帰り道はいつも早歩きに。通学路はただ「足を速く動かして、とにかく前に進むべき道」になっていました。帰りが遅くなった日はバスを使ったことも。「あの楽しかった道はどこへ行ったんだろう」と少しむなしさを感じたことを、よく覚えています。

子どもが「感じる時間」③
祖父母の家

もちろん、いつでもゆったりと過ごせる家族があればすばらしい。けれども実際には、日々時間に追われることばかりだと思います。

「7時30分には集合だから！　ハンカチ持った？　連絡帳見た？」「5時から英語だから、それまでに宿題やっておいてね！」

朝は特に戦場でしょう。休みの日にでかけるとなれば、それはそれで準備もしなきゃいけない。

こういう時間に追われる状況から子どもを切り離してしまうのも、具体的な方法のひとつだと思います。

たとえば、祖父母の家での時間です。一緒に住んでいるという場合には、祖父母と子どもだけの時間ということになります。

人類学者で現・京大総長の山極寿一《やまぎわじゅいち》さんが、あるインタビューでこんなふうに仰っています。

「壮年期にあたる人たちは、時間をなるべく効率よく使おうと思う。けれども老年期にある人たちは、時間を効率よく使って大きな目的を達成しようと思っているわけではない。そういう人たちの時間がどこに合うかというと、成長期にある子どもたちとぴったり合うのです」

腑に落ちる話です。私自身、祖母との思い出は尽きませんが、とりわけ好きだったのは、春のよもぎだんごづくりです。家の前に広がる田んぼのあぜ道を歩き、よもぎを摘んでいきます。たんぽぽやシロツメクサも一緒にとって、王冠に。家に戻ったら、さっと茹でてすり鉢でつぶします。白玉粉に湯を入れてこね、そこにすりつぶしたよもぎを入れ、ひと混ぜ、ふた混ぜ……ふわぁっと春色が広がる瞬間。よもぎを摘むところからできるというのは、子ども心にとても幸せなことでした。

おいしかったということよりも、その過程を一緒にやってくれたということの喜びと、頼りになる友達のような祖母と一緒にいる時間のうれしさが、記憶として際立っています。

祖母は、孫が来たから気を引こうと、よもぎだんごを一緒に作ってくれたわけではありません。「焼き芋しようか」も「コスモスとりに行こうか」も「蛤でおひなさま作ろうか」も、祖母自身の時間の流れのなかであったことなのです。

母の仕事が忙しい夏休みには、私たちの昼食を作りに家に来てくれていたこともありました。食べ終わったあとに祖母がよく観ていたのは、時代劇『豊臣秀吉』でした。きっと習慣だったのでしょう。孫の観たい番組などはお構いなし。隣でなんとなく見ていると、私にも次第にそのおもしろさがわかってきたものでした。

ともに何かをしようという「目的ありき」で、働きざかりの私たちは生きています。目的を達成しようとして、できるだけ効率よく時間を使い、そこに価値も置かれる。

けれども、**子どもと老人の間には目的などありません。「一緒に楽しく過ごさなきゃ」とすらも思わない。ただそこにいて、自分のやりたいことをして時間を過ごすというだけで生きている、似たもの同士なのです。**

そういう時間は、一見「無駄」に思えるかもしれません。けれど、そこには目的ではない時間が流れていると思うのです。

書き言葉は何によって育まれる？

ここまでは、いい観察＝スケッチができているということが、作文の基礎だとお伝えしてきました。そのためには、目的的でなく、考える前によく感じられる環境に身を置くことが大事だということについて述べました。

文章というのは、書く人によって千差万別です。あたりまえですが、書く人が違うからです。

一人ひとりの文章を、木にたとえて考えてみましょう。

先述した「よく観察できること＝よい感性を持っていること」は、木が茂っていくために欠かせない土壌です。「いい土壌＝感性」がなければいい植物は育ちません。たくさん観察して気付いたことがある子というのは、書きたい！というものにあふれます。だから手も動くし、「書くって楽しいなあ！」と思えることが多いのです。

それが、おおもとの「書く意欲」を支えています。

それでは、ほかに大事なことは、なんでしょうか。

言葉のシャワーを浴びせる

母親、父親などの家族、そして日々の生活環境で浴びせられる言葉を「雨＝シャワー」にたとえましょう。日常会話のなかで、幅のある語彙に触れれば触れるほど、この「言葉のシャワー」は豊かなものになります。本をよく読む子は、言葉のシャワーをほかの子よりも浴びているでしょう。

「あの赤い服かわいい！」と子どもが言ったときに、「ほんとだ、超かわいい！」で終わるのではなく、「うん、そうだね！　でもあれは赤っていうより……何色だろう?」と返せたり、「ああー、遠足延期になっちゃった」とうなだれている子に「いいじゃない、来週あるんだから」ではなく、「意気消沈しているね。でも、来週が楽しみになったじゃない！」などと声をかけられる親は、子どもにより豊かなシャワーを浴びせていることになります。ほんの些細なこと、でもそのちょっとした言葉の深みを見せてあげられると、シャワーの質が変わってきます。

よく「作文の言葉が幼稚で……」とおっしゃる保護者の方がいますが、それは、言

良質な言葉のシャワー
書きたいという意欲
経験
経験
経験
いい土壌＝感性

ってみれば当たり前なのです。われわれ大人がこれまでに浴びてきた言葉のシャワーは、子どもに比べればまるで海のように深く広い「言葉の海」となっています。そんな大人の持つ言葉の海に対して、子どもたちのそれはまだ水たまりのようなものです。適切な言葉を探すために潜ることすらできないほどの浅さかもしれません。私たち大人からの言葉かけや、読書から、少しずつ少しずつ、蓄えているのです。

また、第1章でお伝えしたように、単に言葉を知っているだけでは文章は書けるようになりません。書くという行為は、基本的に、見えない読者を想定するものでしたよね。**「この言い方なら伝わるかな」という吟味をするには、そもそも自分が読む側に立つ＝受け手としての想像力を持たなければならないのでした。**

相手の言っていることを一度で聞く、聞かれたことに答えるという会話の基本も、この「言葉のシャワー」から学んでいきます。よくお母さんそっくりの話し方をする子がいますが、これからもよくわかるように、言葉の言い回しはしみついてしまうこともあるのですね。より多様な人から、多様な本から言葉を受けとれるといいですね。

言葉の海
書いてきた量
たくさんの経験
読んできた量
語彙
言葉の水たまり

言葉をあてる先の経験を豊かに積ませる

経験がないと、どれだけ言葉を豊かに与えられたとしても文章は育ちません。言葉を知っていて、それを経験とリンクさせることができて初めて、他者に伝わる文章にすることができます。

たとえば、「我田引水」という言葉の意味はわかったとしても、その語源を納得するには「田には水を引くものだ」ということが了解されていなければなりません。そういう景色を見たことがあるかどうかで、「自分の田んぼにだけ水を引く」ということがどれだけ身勝手な行為か、ということへの共感力には差が出てしまうでしょう。

ある1年生で、柘榴《ざくろ》を食べたときのことを作文に書いた子がいました。

1年女子

　ざくろをたべたよ
（中略）よくみてみると、すけていて、ガーネットのような、でも見かたをかえると、人にくに、見えました。かたくて、つるつるで、たべると、たねばっかりで、あまりたべた気はしなかったけど、とてもすっぱかったです。

「ああ、なるほどねえ。そのたとえは的確だなあ」と私は思わず納得してしまったのですが、おそらくこれは、柘榴を実際に割ってみたことがない人にはわからないでしょう。

言葉が経験と結びつく、あるいは、経験にあとから言葉が与えられるということです。そのためには、両方が欠かせないのです。実体験は、あとからお金で買うことができません。**その子自身の身体に刻まれた記憶がどのくらい豊かにあるか、ということに、長い目でもって価値をおいてほしいと思います。**

書きたくて書く

書きたくて書く。これは、表現してみたい、という、人間の根本的な欲求にかかわります。私が、だれにも何も言われていないのにノートの切れ端に不安を吐露したように、その内容が幸せな感情であれドロドロした負のものであれ、書き表したいという欲求があるからこそ書くのです。

書くということを、表現方法のひとつとして持てているかどうか。幼児期（赤いハコ）のころは、まず書くことをキライにさせない、好きにさせるということがとても大事です。詳しくは第6章で述べます。

感性、言葉のシャワー、経験、そして書きたいという主体性。これらがあって初めて、その子の文章というのは育ちます。そして、豊かに根を張ります。細かく、そして深く、根を張りめぐらせている木ほど、土の上に見える幹や枝は茂ります。

幹が太くなり、枝が茂ると、文章は太く、より多くを伝えるものになります。より適切な表現、正確な書き言葉（見えない読者を想定できている言葉）、論理性……これらはより、自分を適切に振り返り、気づきをもたらし、意識と行動を変えていきます。場合によっては、他者のそれらをも、変えていく力を持っています。

ここまでは、書くことの本質に迫ってきました。次の第3章からはいよいよ、「子ども」という主人公が登場します。

第3章

子どもの「書く」と大人の「書く」

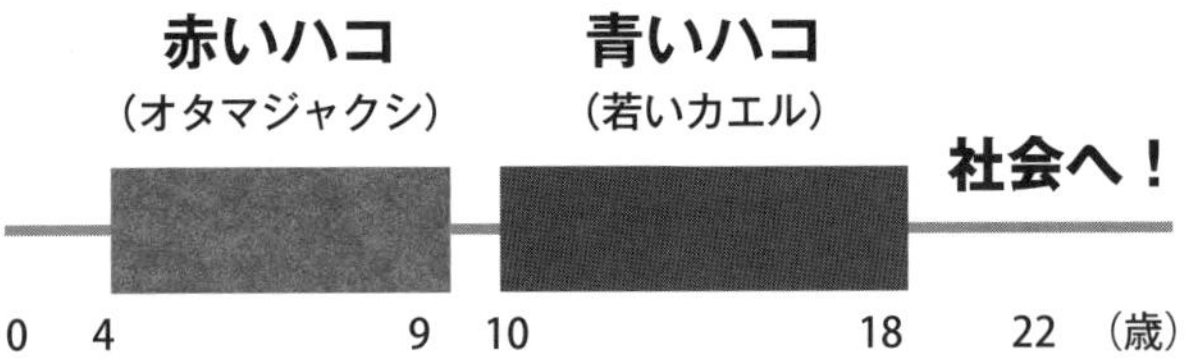

ここからは、子どもの書く文章と大人の書く文章には、どんな違いがあるのかということをテーマに考えていきたいと思います。結論から言えば、時期によっては、子どもと大人の書くものはまったく違います。

その大前提として、花まる学習会の考え方である「赤いハコ」と「青いハコ」というものさしをご紹介しましょう。

これは、子どもの成長には大きく２つの段階がありますよ、ということです。

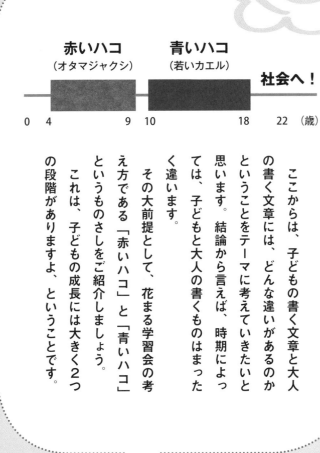

花まる学習会の赤いハコと青いハコって何？

赤いハコというのは、大体４歳から９歳ごろのいわゆる「幼児期」。そして、青いハコというのは10歳ごろから18歳ぐらいまでの「思春期」を含む時期です。

私たちは子どもに教える仕事をしていますから、まず大事なのは（どんなコミュニケーションでもそうでしょうが）相手の本質を知る、ということです。

十把一絡げに「子ども」といっても、発達の段階があります。お父さん・お母さんも同じで、わが子に接するときには、その子がいまどんな段階にいるのかな、ということをモニタリングして対応を変えていく必要があります。さまざまな子育て情報があふれていますが、**できるだけシンプルに考えると、この2つのハコに分けられるということです。**

いくつ当てはまりますか？　赤いハコの特性

赤いハコの子どもたちの特性をいくつか挙げてみましょう。

・落ち着きがない
・振り返りができない
・思考と行動が同時
・大小にこだわる
・順番にこだわる
・おいで、というと走ってくる（歩くのではなく）
・反省しない
・根に持たない
・耳から入ったものを覚えるのがとても得意
・楽しいことにはどんな状況でも耳を傾ける

……ざっとこんな感じです。わが子にてらし合わせても、思い当たる節があるのではないでしょうか。

2年生の男の子。授業の終わりの挨拶をして、帰ろうとしたその子に私は「椅子が入ってないよ。入れていって」と伝えました。言われて、「あっ！」と気づいたその子は、自分の席へ戻って、椅子をしまおうとしました……がそこで、引き出しにテキストが入ったままだったことに気づきました。「あー、よかったあ」と彼は笑顔で私のもとに帰ってきました。椅子をしまうことなど忘れて……。

1年生の女の子。朝、学校に行く支度をしながら歯磨きをしていました。ずっとブラシをくわえていたものだから、そのまま「行ってきまーす！」。エレベーターの鏡に映った自分の姿を見て気づいたそうです。

3年生の男の子。花まる学習会の一大イベントである「花まる漢字テスト」では、合格すると賞状がもらえます。ちょうどテスト当日にお休みをしたので、翌週に受検しました。その場で丸付けをする私のとなりで、始終ジャンプしながらマラソン。回ってくるたびに答案をのぞき込む。「浮足立つ」がぴったりです。

……どうでしょう。大人がみんなこんな感じだったら、大変ですよね（ちなみに2つ目の「1年生の女の子」は私です）。すぐ忘れる、振り返れない、落ち着きがない、せわしない……大人からすれば一見「ダメなところばかり」に思えるでしょう。

けれども、**9歳くらいまでの子どもというのは、我々大人とはまったく違う特性を**

持っていることによって子どもたり得ているのです。

人間ほど生まれてから脳が発達する動物はいません。生まれたときの人間の赤ちゃんの脳は、成人のそれと比べるととても小さいのです。そして、生まれてからゆっくりと時間をかけて、まわりの環境に適応しながら発達していきます。

たとえば、「いやいや期」というものがあります。この時期の子どもの脳というのは、我慢をする、こらえるといったときに働く前頭前野が未発達です。ですから、自分の思ったとおりにならないと、泣いたりわめいたりという反応になります。

この時期を過ぎると、家族から一歩先の集団で動くという時期にさしかかります。幼稚園や保育園ですね。そして、小学校へと続きます。この時期には、人間が集団で過ごすということを学びに行っているようなものです。多少嫌なことがあっても、みんなで過ごすって楽しいことだよね、と思えるように、園や学校に通う時期です。

つまり、経験したもの勝ちという時期なのですが、その時期をまるではかったかのように、彼らは「忘れやすい」「根に持たない」という基本的な特性を備えています。きょうだい同士でいざこざがあっても、数分後には一緒にげらげら笑いあっていたりしますよね。学校でちょっと大きめのケンカをしても、土日をはさんだら何事もなかったかのようにすっきりして「おはよ！」と言える。

大人だったら、こうはいきません。子どもはたくさんもめごとを経験して、嫌な気持ちも味わって、でもすぐ再生できる。そういうふうにできているのです。

いかがでしょうか。「赤いハコ」の時期の子どもと大人との違いが、おわかりいただけたでしょうか。

実際に私たちとは別の生き物なのですから、「別もの、別もの」、そう思って接するほうが、何かとうまくいくのです。

「何度言ったらわかるの！」という赤いハコにいる子に対してのＮＧワードを言っているお母さんがいますが、こちらがどれだけ激情しても、彼らは「忘れる」生き物です。毎度毎度、クールに諭していくしかない、というのが結論です。

大人扱いでうまくいく青いハコ

一方で青いハコに入った子というのは、もう半ば、私たち大人の仲間入りをしていると考えたほうがいいでしょう。ですから、赤いハコの子と同じような対応を大人にされると、彼らはおもしろくありません。それどころか、反発するでしょう。
接する私たち大人が、子どもの発達を見極め、先に対応を切り替えてあげることで、
彼らは認められたと感じるのです。

自分と世界とが、切り離されていない時期

次の作文を読んでみてください。

おふろ

おふろでたまにおもちゃのてっぽうであそびます。あとふつうにみずをかけたりしてあそんでいます。バシャバシャかけてなくなっていいよ。水をだしてまたバシャバシャまたバシャバシャもうおててつかれた。もうおててつかえないよ。

1年女子

赤いハコの子が書く特有の文章です。この時期の大きな特徴として、自己と他者をあまり分けて考えていない、ということがあります。

たとえば、絵本の読み聞かせをすると登場する主人公の冒険にすぐに同化して読み込みますし、先述したように、嫌なことがあってもすぐに忘れられます。まだ自我が

確立されていないためです。私たち大人は、根に持ってしまったり、いつまでたっても忘れられなかったりしますよね。

この、いわば混然一体となった状態で世界を見ている彼らが書く文章というのは独特です。地の文とセリフがまじっていますし、状況の説明も特にはありません。「読み手」という他者を想定することが、本質的に「不可能」ともいえる時期だからです。結果として大人が読むと、「どういうことだ?」と首をかしげてしまうかもしれません。「こんなので大丈夫かしら?」と心配になる方もいるかもしれません。

けれども、**赤いハコ時代の子の特性を理解したうえで読むと、この時期にはとても自然な表現だということがわかりますね。**この作文の場合、2文目までは作文用紙に向き合っている自分があったのでしょうが、3文目からの景色はまるでちがいます。「書いている自分」はなくなり、おうちの人との楽しいお風呂時間の記憶に没入しているのです。

芽と木は「別もの」

さて、みなさんは赤いハコ＝幼児期の子どもが書くものをどうやって読んでいますか？

自分の子の文章でなければニコニコしながら読めそうなものですが、わが子となると話は別のようです。

「これしか書けないんですよね（量への不満）」

「本を読んでいるのに作文が苦手なんですよね（言葉への不満）」

「気持ちが書けないんですよね。〜しました、ばっかり（文体への不満）」

「使う言葉が幼稚なんですよね（語彙の少なさへの不満）」

作文についてのご相談で多いのは、こういうものです。わが子に言ったことはありますか。あるいは、ご自身がかつて、親に言われたことはあるでしょうか。

私がまず声を大にして言いたいのは、赤いハコにいる子が書くものは、彼らの特性

と同様「大人とは別」だということです。

私たち大人は、もうすでに「自分の木」を持っています。多くの経験、語彙、書いてきて伝わった成功体験……。そういうものが栄養となって、それぞれの木を形作っています。ある事柄を表現したかったら、それを描写する言葉を持っています。

「あの会議は、営業部と制作部の意見がぶつかって……」と思ったら、「一触即発だったよねえ」と要約する言葉を引き出してくることもできます。論理的に考えることもできますから、テーマとゴールを設定して、自分の言いたいことに結びつく根拠やデータを探すことも可能です。

ただもちろん、人によって木の幹の太さや枝の数は違います。つける実も異なるでしょう。なぜなら、育った言語環境も、経験も、書くことへの前向きさも人それぞれで違うからです。

大人の土俵にのせたらアウト！

では、赤いハコ時代の子どもはどうでしょう。

語彙は？　まだ彼らは数年しか生きていません。浴びてきた言葉のシャワーを受け止める根っこすら、まだもやしの先っちょのようなものです。

「熱がなおる」と書いてしまうのは「熱は『下がる』ものだ」という表現を知らないからです。

「〜ね、〜ね」と会話が果てしなく続くことが多いのは、要約して簡潔に言う、ということをまだ知らないからです。

経験は？　こちらも数年しか生きていない。だから、比喩表現を習得するのは、大人のほうがはるかに得意です。「石の上にも三年」ということわざの意味は、リアルなものとして彼らのなかにはありません。

書きたいという気持ちは？　まわりの人間次第でしょう。会話をし、文字を覚え、鉛筆を持ったそのときできたものを、まわりがどう言葉にしてあげるか。それ次第では、まだ芽を出してすらいない子もいるかもしれません。

「もっといい書き方があるのにな」と私たちが思ったとしても、その言葉や書き方が彼らの木に降り注いでいない、栄養になっていないなら、それは彼らの言葉にはなり

得ないのです。どだい、無理な要求ということになります。

植物という点で同じであっても、私たちは「芽」と「木」を同じものだとは見ませんよね。

私たち大人が、子どもを自分と同じ土俵にのせてしまうと、「少なくしか書かない」「言葉が貧相」「気持ちが入っていない」といったことだけになってしまうのです。

若い芽。芽吹いたばかりの「木」。今は、それでいいのです。水たまりは深く、広い海になっていけばいいのですから。より豊かな海にするためには何ができるのだろう、ということを考えていきましょう。

子どもの作文は「いつも足りない」

あたりまえなのですが、人は自分がわかっている言葉しか使えません。これは大人も子どもも同じことです。「わかっている」とはどういうことかというと、一度、自分というフィルターを通した言葉です。使ってみた、経験してみた言葉ということです。

たとえば、「斟酌《しんしゃく》する」という言葉の意味を知ったとしましょう。意味はわかった。けれども使うまでには、「どういうシチュエーション／文脈で使うのか」ということについての判断が必要です。一度触れて、意味がわかっただけの言葉を、人は必要がなければすぐには使わないものです。まずは、いくつかの使用例や使われている場面を見聞きして、自分のなかに定着させていきます。似た言葉とどう使い分けるのかも把握しておかなければならないでしょう。そこまでやって初めて、新しい言葉を自分のものとして使いはじめるのです。

私たち大人には膨大な言葉の使用例がストックされています。もちろん、日々触れている言葉の幅には大人のなかでもかなりの個人差があるでしょうが、子どもに比べれば圧倒的な多さです。あたりまえに自分の言葉として使える単語の量は、子どものほうが比べものにならないくらい少ないのです。たとえ話や比喩表現というのは高度なもので、あれは言葉の海が豊かにあり、比較してひっぱりだしてこられるからこその作業なのです。

ですから、**小さな子どもの書く文章というのは、使われている単語や表現技法などあらゆる点で、私たち大人からすれば「いつも足りない」のです。**

たとえば、立方体を「しかく」と言ったりすることも、彼らなりに、持っている言葉で精一杯書きたいことを表現しようとした証《あかし》です。知らないだけなのです。

反対に足りないからこそ、できるだけ的確に表現しようとして少ない言葉で物事の本質を言い当てられたりもします。子どもの書く詩や文章に本質を見つけ、ハッとさせられた経験はありませんか。

お母さんが考える以上にハードルは高い

ここまでのことを整理してみましょう。

まず、赤いハコにいる子どもというのは、大人とは別の生き物（というとらえ方をすべき）であり、大人とはちがった特性を備えています。

そして、長くても8年くらいしか生きてきていないわけですから、大人とは経験量も、言葉にしてきた量も圧倒的に違います。言葉の海は、まだ海ではありません。こういったことを含めて考えると、たとえば、

- 考えてから書く
- 読みやすく書く
- 習った漢字は使って書く
- 書き直す

といったことが、子どもにとってどれだけハードルの高いことかがわかるでしょう。

「考えてから書く」。彼らの多くは、思考と行動が同時です。やりたいと思ったときにやりたいし、書きたいと思ったときに書きたいのです。自然に、事前に書くべきことをイメージし、設計図のように書きだしてから文章にする、といったことは本質に照らし合わせれば「不向き」なのです。

「読みやすく書く」。他者性は大人に比べればとても弱い時期です。我慢がききにくい。だから、しょっちゅう人とぶつかるしケンカもします。「読む人にわかりやすいように書こう」と気にしながら書く、といったことは普通簡単にはできません。

「習った漢字は使って書く」。これも、程度問題ではありますが、常にアンテナを張るのは難しいことです。書きたいときに書く、その勢いを最優先すると、いつでも完璧に、習った漢字は漢字で書きなさいと要求するのは酷でしょう。

「書き直す」。振り返りが苦手な時期です。一文とか、何語かの書き直しならば問題ありませんが、自分の書いたものをもう一度、ある視点にそって書き直すというのは苦行に近いのです。

キライになっては意味がありません

大人でもそうですが、嫌なことばかりでは、やろうと思えませんよね。どこかに認められたり、うれしい気持ちを持てる部分があるから、つづけようと思える。

スイカ割りをしたことはありますか。スイカのある方向に、目隠しをした人を声だけで誘導していくあそびです。

そのときに「もうちょっと！　あと少し左！」とか「いいいい！　五歩くらい下がって！」といった声をかける人はいても、「全然違うよ！」「そっちじゃないよ！」という声かけしかしない人はいないでしょう。

そんなことをされたら、どちらにスイカがあるのかは永遠にわからないままです。

子どもの書いたものへの声かけも同じです。

「なんでそれしか書けないの」

「この漢字習ったでしょう」

「いつも最後が同じだね」


……こういう否定的な声かけ、その子が何も得られないような言葉しかかけてもらえない子は、前に進めません。書く意欲を削いでしまい、書くこと自体がキライになってしまっては何の意味もないのです。否定だけからは何も生まれない。


「あと、この一文字だけこう直せたらいいね」

「この一文はあなたにしか書けないね。ついでに聞いていい？　これって、もしかしてこういうこと？」

「この漢字はこのあいだ書けていたよ」……具体的に、子どもたちにできること込みで、認めてあげましょう。

上手であること以上に「書いてみよう」という意欲が大事

言葉を増やすというのは、言葉の水たまりが海になるように、長期的な課題であるとお話ししました。そして、何より書くということへの意欲を削がないように、われわれ大人が子どもの立場に降りて接することが必要だともお伝えしました。

花まる学習会では毎週1枚、必ず作文を書いています。

まずは、自分に起きた出来事やそれに付随する気持ちなど何でもいいので、ありのままを「呼吸するように」書くことが大事だからです。書き慣れるということが、何よりも最初の課題です。

子どもたちが書いた作文には、講師からコメントがつきます。手紙への返信のようなつもりで書いています。

つまり**そこには、評価という軸はありません。「私の言いたかったことをわかってくれてる！」といった喜び、「そうか、こういう考え方もあるな」という気づき、コ**

メント自体にある言葉を新しく語彙として知ること……書いた内容そのものへの返事を読むことで、子どもたちはまた次に作文をあたりまえに書けるのです。

呼吸するように書く、抵抗感なく書くというステージに、まずは立たせてあげましょう。上手さを求める以上に、「作文？書けるよ」「今日も書くよ」と、楽しむ心を持てているか、考えてみてください。大人である私たちは、どうでしょうか。

第4章

作文の「ほめスキル」を上げる！

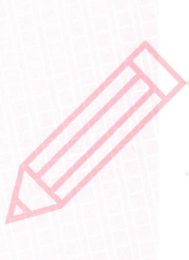

この第4章では、良い文章にある要素とは何か？というテーマを考えていきます。これから紹介する要素のうちのいくつか、たとえば「⑧哲学を持ち始めている」とか、「⑨俯瞰している」などは、赤いハコ時代には求めにくいものでしょう。すべてがすぐに必要ということではありません。この章は、「どういう言葉で認めたらいいのか」という参考にしていただくことが目的です。

「いいなあ、この文章」とわが子の書いたものについて思ったときに、「すごいね」とか「いいね」だけでは、その子の成長の機会としてはちょっと物足りない。「どこがいいのか」を具体的に伝えてあげてほしいのです。

赤いハコから青いハコへ

第3章では、赤いハコの時期の子が書くものについて、大人と比較しながらお伝えしてきました。もちろん、個人差はあります。環境以外にも、本人が持って生まれた能力によって、どの時点で書くことが楽しくなるか、読者を想定した文章が書けるようになるかは違います。

ただ、私はほかの子との比較で、来たる成長を秘めている子たちの作文に対する自信が失われてしまうことだけは避けたい。そう思って、第3章を書きました。

青いハコへ入るタイミングもさまざまです。

女の子では、2年生の終わりとか、3年生のはじめには、大人と同等の客観性、言語力で身のまわりの出来事をとらえている子もいます。言葉にまつわる発達は、概して女の子のほうが早いようですね。男の子はというと、5年生の夏ごろが変化の時期というケースが多いように思います。教室に入ってきた瞬間、「ああ、青いハコに入ったなあ」と確信に近い思いを抱きます。

書くのはコンクールで表彰されるため？

ここからは、実際に子どもが書いた作文を真ん中に置いて、「良い文章」にはどのような「ほめポイント」があるのかということを考えていきたいと思います。

花まる学習会では、毎年「作文コンテスト」という授業を行なっています。普段の授業でも必ず作文は書いているのですが、この作文コンテストの日は、作文しか書きません。文字数制限なし、枚数制限なし、書きたいことを書きたいように書く、という90分です。

そのなかでも良作を、「花まる作文コンテスト集」という冊子にまとめています。そこに集められた作文は、本章でこれからお伝えする「いい文章」の要素を持ちあわせたものです。

つまりこの文集は、私たちの「書くことは生きる力の土台だ」というメッセージを保護者や子どもに向けて体現したものだ、ということになります。作文に正しい正しくないはなく、われわれの信念をぶつけているのです。

思い出してください。

書くことの目的は「コンクールで表彰される」ことではありませんよね。残る、という特徴を利用して、自分を振り返り、気づき、意識し、行動につなげていくための手段でした。

そして、自分自身を表してみることそれ自体が、表現のひとつであるということ。また、他者と共有できるからこそ、書き言葉を意識して使うことが必要でした。

ここからは、いい文章（作文）が持っている特徴を見ていきます。


書くことをおもしろいと思えるためには、生活の中で触れる語彙の幅、読書なども確かに大事です。けれども最も肝心なのは、子ども自身が、書いたものに対して温かい言葉をもらえ、自信をつけることです。この章を通じて「みとめる方法」「ほめスキル」を深めていただけたらと思います。

ほめポイント⓪

言葉の正確さ…前提として

大丈夫？　正確ではない書き言葉の代表例

言うまでもありませんが、「正確な日本語で書けているか」ということは大事です。書くことのおおもとにあるべきなのは「ありのままを描写できるか」ということだと何度も述べてきましたが、自分も含めた「読者」にわかるように書かなければ読んでもらえないし、読み返すこともできません。

社会に出れば、メールやプレゼン、レポートなどで使う言葉ひとつにも配慮が必要です。書きたいことを伝わるように書くという土台ができていなければ、「あの人の書くメールはいつも雑だなあ」「ああいうことを言いたいつもりだろうけど、これじゃ伝わらないよね」「手を抜いているんだな」などと信用を失うことだってあるでしょう。内容のおもしろさより何より、まず必要なのは正しい言葉づかいができているかどうかということなのです。

いわゆる「誤文」の原因として多いものを挙げてみます。

- □**誤字脱字**
- □**係り受けが破たんしている**
（例：「一番思い出に残っているのは、母が笑っていました」）
- □**使っている慣用句／ことわざに誤りがある**
（例：「テストで百点を取って一喜一憂した」）
- □**言葉の重複／意味の重複がある**
（例：「ぼくは馬から落馬して、あやうくケガをするところだった」「たくさん堪能しました」）
- □**接続語の使い方が不適切**
（因果関係にはない事柄のつながりで「だから」を用いるなど）
- □**読んだ相手にとって初めて聞く言葉が説明なしに使われている／前提の共有がなされていない**
（例：「私は両親と話し合い、登校刺激を与えることを了承してもらいました」）
- □**一文が長すぎることによる意味のねじれ、読みにくさがある**

□指示語（あれ、これ、それ、どれ　など）が指すものが明確でない
□書き表したい内容に対して、適切な言葉が与えられていない
（例：比喩表現がしっくりこない。「その言葉ではないだろう」と感じる）

……実はこれ、大人が書く文章における誤文のあり方と同じなのです。つまり、「正確な書き言葉」という切り口で考えれば、その内容は大人も子どもも関係ないということなのです。

大人になっても、正確な日本語が書けない人はおそらく、子どものときから同じ課題を抱えていたのだと思います。それを誰にも指摘されず、そしてそのままでもとりあえず学生時代は過ごせてしまったのでしょう。

本人が、自分の書く文章の間違え方を自覚し、日々意識すれば間違いなく良くなっていく部分ではあるでしょうが、時間はかかります。

子どもにどこまで指摘すればいいの？

お母さんたちから寄せられる相談として、「どこまで子どもの作文の言葉づかいを

正したらいいかわからない」というものがあります。こうやって悩んでいるということはそれだけ、大人である自分と、わが子との間で違う部分があるということをわかっているということだと思います。

書くということに限らずほかのあらゆることにも言えると思いますが、人は、やるとわかっている間違いをわざと犯すことは基本的にありません。学習する生き物です。あるいは、何度か失敗して、学習して、くり返さないようにすることができます。

作文において、子どもたちは、何が間違いなのかをわかっていれば、間違った日本語は書かないはずなのです。なぜ間違いなのかを理解して、それでもまたうっかり間違えて、次は直せて……ということをくり返して、正しい言葉を書けるようになっていくことは、自然だといえます。

つまり、とても大事なことはまず、

A「なぜ間違いなのかを納得させる」ということです。

そして次に、

B「（大人だってそうであるように、子どもも）何度も間違うものである」ということをこちらがわかっておくことです。

さらに考慮しておかなければならないのは、

C「赤いハコ時代の子は、忘れるものであり、キライにさせてはいけない」ということです。

Aに関しては、なかなかこちらの技量が問われることでしょう。

たとえば、「誤字脱字」についてはシンプルに「これは『例ば』、じゃなくて『例えば』なんだよ」とか「ここは人偏じゃなくて、手偏だね」と言えば済むことです。辞書を引っ張ってきて見せてあげるのも効果的でしょう。

一方で、「係り受けが成立していない」ということを納得させるのには、子どもの発達段階にもよりますが、かなりの時間が必要な場合もあります。日本語の構造、主語と述語があるということ、それぞれの文節には係り先があるということ……本当に理解させようとしたら、日本語の「授業」にさえなってしまいます。

「ここ、係り受けが成立してないよ」「まちがってるよ」と指摘することは簡単なのですが、その指摘の内容を、相手が（子どもが）受けとれるかどうか、ということはまた別の問題なのです。

正確な書き言葉を蓄えられる家庭環境を

私が受け持っている授業で、４年生を対象に「誤文訂正」をさせたことがあります。先述したような「誤字脱字がある」「係り受けが破たんしている」「意味が重複している」といった要素を含んだ文章を読み、修正するという課題です。

比較的平易なレベルの誤文は、皆テンポよく直していくことができました。けれども、少しずつレベルが上がっていくにつれ、子どもたち一人ひとりの様子が変わってきます。

ある子は「何が違うんだろう？」と首をかしげます。ある子は「うーん、なんか気持ち悪いのはわかるんだけど……」と苦虫をかみつぶしたような表情を浮かべながらも、「どう直せばいいのか」には行きつきません。一方で、ある子は、「こんなのあたりまえじゃん」とでも言うように、いとも簡単に正しい文章に直すことができました。

誤文訂正をしているとき、私たちがやる作業は「どこがおかしいか」に目をつけ「どうおかしいか」を発見することです。このときに参照先となるのが、その人のなかにある「言葉のストック」とでもいうようなものです。

正しい書き言葉をどれだけ持てているか、ということが「ああ、こう直せばいいな」という「答え」とまではいかなくとも「手がかり」を見つけられるかどうかに、かなり深くかかわっているのです。

正確な書き言葉は、どんなふうにしてストックされていくのでしょうか。先述したように、間違えて、それを他者に指摘されて納得して……というケースもあるでしょう。これはなかなか家庭でやりきるのは難しい部分かと思います。

あとは、課題として与えて意味を成すのは、早くても3年生ごろからではないでしょうか。赤いハコ時代の子は、振り返りが苦手ですから、いくつもの手順を追って論理的に考えを積み重ねていくには、相当こちらが課題の渡し方を工夫する必要があります。バランスとしては、ほめ：指摘＝6：1くらいを意識していただけると、子どもにとっては自信ややる気をキープできるでしょう。

結論として、**正確な書き言葉をためられる環境を確保するための最重要ポイントは、「家庭の言語環境」にあることは間違いないでしょう。**

親がくだけた言葉しか使っていなければ、子どもは正しい言葉づかいを知ることはできません。家に本がなければ、あるいは親に読書の習慣がなければ、子どもは相当なきっかけがない限り、読もうとはしないでしょう。書くときに使う言葉も限られます。

日々どういう幅の語彙に、どういう類《たぐい》の文章に触れるかということの積み重ねは大きいはずです。

ほめポイント①

その年齢ならではの十全さ

こまるなー

ぼくなりたいことがあってね。ぼくほんとうは、ほんとうは、うめぼしやさんになりたいんだ。ゆめへんでしょ。でもまだ、いっぱいなりたいんだ。まよっちゃうんだよ。もう、あたまごちゃごちゃなんだよね。まよっちゃうよ。へんなかんじになっちゃった。

1年男子

「もう、かわいい」とため息が出てしまうような、1年生男子の作品です。正直さが文章全体に表れているし、何より「自分のほんとうの夢を言わなかったことを気に病んでいることを書いちゃった」という打算のなさが魅力です。きっと1年後には、もう書けない類の作文です。背伸びをしていない。

1年女子

うれしいまめ

まめができました。そのときうれしくてたまりませんでした。でも、あかりちゃんは、まめがぜんぜんできないのにうんていができるのです。「なんでだろう」とおもいました。あかりちゃんに「すごいね」といいました。わたしは、まめが4こあるのに、みんなは2こぐらいでした。みんなまめがつぶれててわたしだけつぶれていませんでした。とてもかなしかったけど、1こだけつぶれていました。

つぎのひにやったら、4こつぶれていました。うれしかったけど、いたかったです。そのとき、かわがぺろとむけました。みんなに「すごいね」といわれてうれしかったけど、すごくいたくてたまりませんでした。わたしは、れんしゅうして5こできて、まんなかはへんなまめができていました。ちがでてるようなかんじでした。みんな「だいじょうぶ」といってくれました。わたしは「だいじょうぶ」といって「ふ～」といっていました。まめがぜんぶつぶれてていたかったけどがんばりました。ちいさいまめだったけど、うんていをやりつづけました。ちいさいまめがつぶれておおきいまめよりもいたかったから、いっかいねて、でもやりたくてたまりませんでした。みんな「やれば」っていったから、わたしは「やる」といったけど、いたかったから「やらない」といいました。おおきいまめはがまんできたけど、ちいさいまめはがまんできませんでした。まめが5こできてうれしかったです。

いかがでしょうか。読んでいて、赤いハコの子ども特有の価値観を感じると思います。この1年生の女の子が、十全たる幼児期を過ごせていることがわかりますよね。幼児期を、幼児の特性どおりに過ごしているということは、とても大事なことです。彼らは、必然性があってその特性を持っているのですから。ちょっとしためごとをすぐに忘れられるということはもちろんですが、たとえば、この「まめのできた数、つぶれた数」というのは、大人にはちょっとすぐには理解できない価値観です。大小を気にする、順番を気にするのと同じように、まめの数を気にするのです。

なぜか？と言われても、そこに理由はありません。ただ思うのは、幼児は幼児だけの世界で、社会性というものを養っているのだ、ということです。大人と同じような価値体系を持っていたら、大人も入ってきてしまう。でも、子どもたちは、子どもたちだけでミニ社会を作っているのです。

「みんなはまめがあんなにつぶれてる」と横目で見て、いよいよ自分のまめがつぶれたら「だいじょうぶ？」と心配され強がり、予期せぬ「小さいまめ」の痛さに顔をしかめる。やらない、という結論をくだす。……こういうことをすべて、子ども社会のなかで、経験しているのですね。

その時期その時期に必要なことを経験しているというのは、言い換えれば、健全に育っているということです。これが思春期なら、思春期特有の人間関係が描かれていれば魅力的でしょう。ありのままを活写した文章は、おもしろいのです。

ほめ方例
▼「この作文はどんどん読みたくなるなぁ」
▼「よく思い出して書けているね」

など、読んでいてあなたが感じたことをそのまま伝えてあげてください。

ほめポイント②
言葉のリズムがいい

次の文章を、ぜひ音読してみてください。

1年男子

カタコトカタコト
僕は、赤ちゃんのときに山に行って、カタコトカタコトとなって、どこかへ行ってしまうものを見ました。

それはきゅうな山ではたらいています。そのきゅうな山をのぼるためにあります。ケーブルカーではありません。カタコトカタコト、

「おっときたようだ。のりおくれないようにまってなきゃ。」

トゥウィー。ドアがあいて入りこみました。

「よっこらせ。」

まどからみるけしきはとかいにたいしてまるで大ちがいでした。

カタコトカタコト、シュウー、キキーガッタン。トゥウィー。ドア

から出ても見るけしきは、ナニコレちんひゃっけい。もういっかいいきたいと思っています。（後略）

どうでしょうか。口に出して読んでいて楽しくなる、リズムの良さがありますよね。これは書き手の勢いが、そのまま表れています。

勢いというのは、乱暴に書いて出るものではなく、楽しんで書くと生まれるものです。私たち大人は書いた文章をあたりまえに推敲しますが、あまり手を加えすぎるとこのリズムが削がれてしまうことがあります。

実は、手書きの文字や行替えにも勢いというのは表れるのです。子どもたちの書いた作文をぱっと見ただけで、いい作文、躍動して書いた作文かどうかが大体わかります。特に手書きのものは、書と同じで、その瞬間の息遣いまでもが映し出されるようなところがあります。

ほめ方例
▼「読んでいて楽しい！リズムがいいからだね」
▼「リズムがいいと読みたくなっちゃうね」

ほめポイント③
映像で浮かぶ

3年女子

あるこう

「ウエーン。」

弟が花まるに行く前、ころびました。なぜなら、いそいではしっていたからです。足から血がでていました。わたしがおんぶしてあげました。だけど、おもかったのですぐおろしました。

「もう時間がない。」

とわたしがいって、弟にこうききました。

「はしれる？」

弟ははしれるといい、はしりました。でも弟ははしれたけど、ちょっとはしっただけで、

「はしれない。」

といいました。わたしは、むりしなくていいよ、という気持ちでし

た。わたしは自分かってなのでさきにいったけれど、バスにはまにあいませんでした。

「バスはもういったから電車だよ。」

わたしはまた弟にこうききました。

「まだいたいけど、あるける？」

風がビュービューとふき、わたしと弟があるきました。


文章を読んでいると、映像のように浮かんでくることがありませんか。

いい文章というのは、一度回り始めたカメラが最後まで止まらない、そんな印象があります。

映像が「ブツッ」と途切れてしまうと、ちょっといやな気分になりますよね。また再生し始めても、途切れる前の内容がちょっとぼんやりしてしまったりする。

「映像で浮かぶ」というのは、最後まで読者を巻き込む力を持っているということです。二度読みをする必要がない文章、ともいえるでしょう。

言葉選びももちろんそうですし、予想のつかない、ありふれていない展開（大きな出来事である必要などそこにはありません）、フォーカスの順序……。さまざまな要素が合わさって、「読ませる」文章ができています。

ほめ方例

▼「映画を観ているみたいによく伝わってきたよ」

▼「そこにいるみたいな感じがしたな。特に最後の一文を読むと、歩いていく二人の背中を見送っているみたいに感じられるよ」

ほめポイント④
言葉の選択がいい…「まさにそうだね！」

2年男子

ラムネとおじいちゃんのたたかい

すこし前、ぼくいがいのかぞくが、とおいところまでいもうとのふくを買いに行って、ぼくは、おじいちゃんちでおるすばんをしていました。おじいちゃんちに行くときに、ついでにサイダーのラムネをもっていきました。

おじいちゃんちについたとき、ぼくは、

「じぶんじゃあけられないから、おじいちゃんがあけて。」

と言って、おじいちゃんは、ニコニコしながらラムネのびんを手にとり、力をこめたけど、あきませんでした。ぼくは心の中で、「あれ、おかしいなぁ。」と思って、おじいちゃんがもういちど、

「うんとこらしょ。」

と、力をこめたけど、ラムネのびんはびくともしません。

おじいちゃんが、どこからもってきたのかわからないようなどうぐをつかってたけど、まだあきませんでした。

ここから、おじいちゃんとラムネの本気のたたかいがはじまりました。すると、おじいちゃんがはさみをもってきて、ラムネのふたのまわりをチョキチョキ切りはじめました。ぼくが、「どうするのかなぁ。」と思ったときです。おじいちゃんがラムネのふたにりょう手をおいて、大きなおやゆびに力をこめました。おじいちゃんは、かおをまっかにして、

「おりゃあああ！」

と言ったとき、ラムネのふたが、スポーンと下におちました。ぼくは、ぶじにラムネをのめました。

じぶんの家にかえって、おかあさんからしょうげきのことばをききました。なんと、おじいちゃんはその日、すごくこしがいたかったそうです。ぼくは、「うわっ、わるいことをしたなぁ。」と心の中で思いました。

ラムネのふたが開かない話が、途中から「おじいちゃんとラムネの本気のたたかい」と命名された瞬間、がぜんおもしろくなります。意識したかしないかはわかりませんが、レトリックですね。

ほかにも「どこからもってきたのかわからないようなどうぐ」とか、「大きなおやゆび」とか、読者にイメージを喚起させる言葉選びができています。「おやゆび」ではなく「大きなおやゆび」、「どうぐ」ではなく「どこからもってきたのかわからないようなどうぐ」。文章というのは、言葉選びの連続です。

もうひとつ作品を。組体操で一番上になった子が、練習の際のことを書いた作文の抜粋です。

---（中略）それで先生が見ている時、やってみました。なんとできてしまいました。キャットウォークぐらいのせまさでした

どこかで知ったのだろうな、キャットウォークという言葉を、という驚きがありま

した。キャットウォークとは、もともと猫が通る高所の狭い道のことで、そこから転じて、工場や劇場の上部、ダムや橋梁《きょうりょう》などの高所に設置される狭い通路を指すようになりました。

私たちが、どうやって新しい言葉を獲得していくのかというと、それはもう経験ありきです。そして、未知の語彙に触れること。第2章でも述べましたが、知っていた言葉に当てはまる経験をすることと、経験したことにぴったりくる言葉を知ること、この両輪です。

たとえば、私は小学校3年生くらいのときに初めて「視界」という言葉とその意味を知りました。そしてそのあとに、作文を書く機会があり、そこで「見える範囲にたっくさんのテントウムシがいた」ということを書きたいと思ったのです。そのときに、ふと浮かんできたのが「視界」という言葉でした。まさにぴったりでした。

こういった、自分の知った言葉と、経験を書き表す機会にぶつかることがあればあるほど、的確な言葉選びの力は養われていくのでしょう。

ですから、より幅広い表現に触れること、そして豊かな原体験というのは、その人の表現力を高めるのに不可欠だといえます。

大人の書く文章でも、的確に表現を選べているものは読んでいて気持ちがいいし、何より共感を呼べるのです。

「おしいなあ、しっくりこないなあ、この表現」とか「そうは言わないよね、普通」といった言葉選びの文章は、読んでいてもやもやした印象になってしまいます。そこから、続きの文章があまり頭に入ってこない。

この的確な言葉選びの背景にあるものは、なんなのでしょう。

まずひとつ目は、**ありのままをとらえることです**。「なんだあの道具？　どこにあったんだろう？」とおじいちゃんを見て感じた自分をとらえられているということです。「どこからもってきたのかわからないような」とそのまま言葉にするだけで、単なる「どうぐ」から一気に魅力が増しますよね。

２つ目は、**感じたことに当てはまる言葉を持てていること**。まわりからの言葉のシャワーがよく降り注いでいるということでしょう。
3つ目は、**より正確に伝えたいという思い、あるいは「伝わった！」という成功体験です。**「テントウムシがたくさんいることを表現するつもりでこの言葉を使ったんだね！」というような図星で認められた経験が一度でもあると、言葉への興味は俄然高まります。

ほめ方例
▼「（指しながら）この言葉の選び方がすごくいい」
▼「（指しながら）この言葉は、（指しながら）ここを表現するのにぴったりだね」

ほめポイント⑤

ユーモアやサービス精神が感じられる

4年男子

　　きめられたじんせい

ここは鍋とねずみがゆうめいな町である。ここではぶたのようにA、B、C、Pというかいきゅうがある。Aと選ばれると1さいでしゅっかされる。Bは二さい、Cは、三さいでおいしく食べられます。

この話は、Aと選ばれたねずみのペルのお話です。

「なんでわたしは1さいでしなきゃいけないんだろう…」ペルはいつも思っていました。

ある日ペルは、Pと選ばれたねずみとであいました。Pは、みためがわるく食べられないけど子どもをうむうんめいです。でもその子は、たべてほしかったのです。

ペルは、しゅっかじょうにおくりだされました。

そしてペルがりょうりされるちょくぜん、前あったPのねずみがきてかばってくれたのです。そしてペルはひっしにしゅっかじょうからにげました。

そして二日後、ペルは町をうろうろしていました。ごみばこの中にほねがありました。

ペルは、あのときかばってくれたねずみだとすぐわかりました。そしてそのほねをもちかえりしきりにかばってくれたねずみのことをかんがえ「ありがとう。」といいました。

ペルはその後子どもを四ひきうみしあわせにくらしました。

実はこの作文は、「指定語句つき」で書かれたものでした。花まる学習会では毎月1回、条件付きの作文があり、この場合は「ねずみ」「かばう」「しきりに」の3つの言葉を必ず使うということがルールだったのです。

指定語句を使いきったうえで、ここまでのオリジナリティを発揮するとは……と、初めて読んだときには舌を巻きました。この作文を書いた子は、当時4年生でした。

授業後に少し教室に残ってまでカリカリと鉛筆を動かし、独力で書き上げていたのをよく覚えています。

彼は「手を抜く」ということを知らない子で、こんなふうに読者を想定しきった物語を書くこともあれば、小学校でバンドを組んで活動するといったこともやっていました。

6年生で花まるのサマースクールに参加したときには、スタッフである大人の仕事を手伝うようなことまでしてくれ、まさに「気が利く」といったらいいのか、まわりの人を気遣う精神が、4年生当時の作文にこんな形で表れていたのだなということを感じさせてくれます。

相手を楽しませようとする子や、他人を傷つけない「笑い」を生み出せる子には、たくさん手をかけて育てられた子というのはほとんどいないように思います。お母さんが働いていて次男とか、そもそも父子家庭や母子家庭だったり、両親共働きで学校から帰るのは祖父母の家という子など。

これは仮説ですが、自分から動いて生活しなければならないなかで、必然的に、経験量が上がるのだと思います。人を楽しませたり笑わせたりするために必要な「人とは違う点に目をつける発想力」とか「あたりまえを疑えるか」といったことは、経験量の要素も大きいのではないでしょうか。「ん？　なんかちがうぞ？」とか「あれと比べると……」といったように感じる経験を豊富に持てている、ということでしょうか。

あとは家庭での会話に「笑い」の要素があるかどうかも大きいのではないかと思います。テレビを観てゲラゲラ笑うといった安直なものではなく、自分から仕掛けて笑わせるというような文化があるか、ということです。

「おもしろがらせよう」という態度はその人の魅力につながります。

ちょっとしたダジャレや言葉あそびを文章に入れこんでくる子などはぜひ、「いいね～！　その姿勢！　人を楽しませようとしてて！」と認めてあげてください。

ほめ方例
▼「つよしのこういうユーモアは、人の心を動かすね」
▼「人を楽しませることができるって、～だよ」（※「～」にはご自身の考えを）

ほめポイント⑥
見る眼の細やかさ

6年男子

一年ごしの小さな〇〇〇

自分は、自覚しないまま変化を探していた。一年間気付かなかったけれど、それはたしかに変化していた。

それは少し色づいた木の下を通った時の事だった。ふと足元を見ると、いくつか花が咲いていた。それを見た時、自分はある事を思い出し始めた…。

それは、五年生の時、友達と、いつものように遊んでいた時の、事だった。その時も、色づいた木の下をかけまわっていた。ちょうど自分が立っている所の近くだった。種だ。種が落ちていたのだ。しかも、まけばそのまま芽が出てきそうな種。その場のふんいきもあって、とりあえず、その木に種をまいたのだ。

そして今、ようやく気付いた。この花は自分たちがまいた種から芽が出たんじゃないか？自分はしゃがんで、その花をよく見た。においは、あまりかんじられなかったけど、白っぽい色をしていて、とてもきれいだ。あの時は、またぐり会うなんて、全く思っていなかった。せいぜい芽が出ても、すぐかれるだろう。とおもっていたが、小さな奇跡が起こったのだ。そう思った自分は、とてもうれしい。どれほどうれしかったかというと、思わず笑みがこぼれるほどだった。冬にはもう、実になってしまうか、かれてしまうだろう。でも、きれいな花は咲いていた。（後略）

よく覚えていたなあと思わされますが、観察自体がよいものだったのだとわかります。種をまきながら「咲かないだろうなあ」と思った。その出来事があったからこそ、咲いていたという事実に（本当にその種だったのかは別として）感動したのでしょう。

ほめ方例
▼「さとしは物事をよく見つめることができている」
▼「より多く気づけるというのは、あなたの長所だね」

ほめポイント⑦
苦い部分を正視している

6年生女子の作文です。

6年女子

失う気持ち

家族、友達、クラスメイト、ペットなど大切な人や物がたくさんあります。そんな大切な物を失った事はありますか？私は今までに一つだけあります。それは「友情」です。ほんのささいな事でケンカになり、しだいに二人のきょりははなれていきました。そして初めて大切な物を失う気持ちを知りました。本当に初めてでした。

（中略）

もちろん仲直りしようと実行しましたが、「クラスもちがうし自らかべをつくっている私がいきなりしゃべりかけて謝る権利があるのか？」と私はとまどい、結局一歩ふみ出す勇気をなくしチャンスをのがしました。これが最後のチャンスでした。

この出来事が終わると、一歩ふみ出すどころかタイミングまでつかめなくなりました。「謝るタイミング、そして勇気」これが私の一生の課題となり、大切な物を失うというのは、いやでいやで後もどりができないとても残こくという事を改めて感じました。二度とこんな事はしたくないです。


この作文のすばらしいところは、自身の思い、今の自分の姿を直視し活写しているということです。みじめでしょう。なさけないはずです。

けれどもそれを、何も偽らずそのまま書いたのです。

この子は書きながら葛藤しただろうし、しばらくは読み返せないかもしれないし、読み返しても暗澹《あんたん》たる気持ちになることもあるでしょう。その時間こそが、彼女の成長の糧となります。

そして数年後、成長を遂げた末に読んだとき、この作文はこの子の誇るべき記録となっているはずです。

「作文コンテストだしなあ……みじめな内容のままは出せないなあ」と思う人もいるでしょうが、この子は正直に書けたということです。

人に見せるものだからという意識が先行して、「仲直りしたいと思います」などといった適当な言葉を使っていたら、きっとその先の成長も限られたものになっていたでしょう。

こういう作文が書けたら、「正直に書けていていいね。これからのあなたの財産だね」と言葉をかけてあげてください。

ほめ方例
▼「正直に書けるというのは、あなたの成長そのものだね」
▼「文章を書くということでの、とても意味ある一歩だね」

ほめポイント⑧
哲学を持ち始めている

「哲学」というと難しそうに聞こえますが、要は、考えるということの深みを知っている、そして自分自身が生きていくということについて軸となるような考えを持つということです。青いハコに入った子のなかには、哲学し始めている、自身の哲学を持ち始めている子もいます。

5年男子

始まらない！
「あ〜あ。」
始まらないのにつかれた。
もう開始時こくからどんどん遠ざかっていく…
「う〜ん、弟をネタに書くか、でも山登りのことも書きたいなぁ〜
う〜んう〜んう〜ん（×14くらい）」
その時ぼくは、みんなと少しちがう曲がったものを書こうとしていた。でも今の率直な気持ちを書くことにした。全身から感じるこのパワー。さっきまでのつかれは何だったのか！！ぼくはやっとえん筆を走りださせた。それがこの作文となった。

5年生男子の作文です。これは哲学の入り口の入り口、といった感じですが、彼は、ひと言でいうと、自分の心の動きをつかみ、書くということの快感を味わったのではないでしょうか。

続いて、6年生女子の作品です。

6年女子

友達の両親達の職業

前に、友達の親の職業の話をしました。皆の親は、すごいです。職業を聞き、おどろきで目をみはりました。どんな職業の人がいるかというと、東京メトロの電車の運転手さんや、消防士の父など、いたのですが特に多かったジャンルは、医学の方です。歯医者さんや、病院のお医者さんが断トツでした。一番

なりづらい職業なのに、

「皆の親は、エリートですごい。」

と、思いました。でも、友達の中には、

「○○の家も、美容師じゃん。私の家なんか、専業主婦と、サラリーマンだよ。」

と言ってくる子もいます。

ですが後で、違う友達が、

「どんな職業でも、幸せだし、それだけでいいんじゃない。世界には、親がいない子もいるんだから。親がいるだけでいいよね。」

と、言っていて正当だなと思いました。

その言葉通り、親がいるだけで幸せなんだと思いました。職業の話をしただけで、こんな結末になるとはまたもや、おどろきでした。


一番最後の「またもや」というひと言に、この子は考えを深めることのおもしろさを知っているんだなということが伺えますね。

ちなみに、この作文も「指定語句つき」のものでした。「目をみはる」「正当」を使って、ここまで書けるのは、言葉をある程度自在に使えるようになっているということの表れでしょう。

こういう文章を書き出したら、大人は接する態度を変えなければなりません。もう子ども扱いはできないのです。

むしろ一緒に、答えのない問いを考える仲間として接してあげたほうが喜ばれます。

ほめ方例

▼「考えることを楽しめているね」

▼「考えた過程がよくわかって、いい文だね」

ほめポイント⑨
俯瞰している

4年女子

ありがとう

「ありがとう」

この時わたしは二か月に一度あるかないかの特別な喜びを感じていた。このわたしの特別な喜びを少し前からたどってしょうかいしよう。

その日わたしは朝から少しうきうきしていた。

それは、お姉ちゃんが一ぱく二日の日光しゅう学旅行から帰って来るからだ。

一ぱく二日の短い間とはいえ姉ちゃんがいないのはやはりさみしい。

いっしょに通っているピアノ教室。今日は一人だ。いつもお母さんと三人で食べる夕食。今日はお母さんと二人きり。お母さんを一人じめできるがやはりさみしい。ねる時、いつもとなりにいる姉ちゃんがいない。いつもはねむたくなるまでたくさんお話をする。学校であった事、話題になっている事。やはり姉ちゃんがいないというのはさみしいものだ。

姉ちゃんが帰って来る時、わたしは宿題をしておるすばんだ。しばらく宿題をしていると
「カチャ」

ドアにかぎを指す音だ。いそいでげんかんにかけ出した。そして、

「ただいま」

姉ちゃんが帰って来た。

「おかえり」

それからわたしは日光での話をたくさん聞いた。一番楽しかったのは夜みんなといろんな話をした事らしい。いいな、わたしも早く五年生での旅行がしたいな。

リュックサックの中身をせかせかとかたづける姉ちゃんのせなかを

ぼんやりと見つめながら思った。

そして、それはとつぜんの事だった。

「はい」

姉ちゃんから小さなふくろを受け取った。その中にはサルのストラップが三つ入っていた。そして姉ちゃんが言った。

「お土産ね」

「ありがとう」

わたしはかわいいサルのストラップを見つめながら言った。

わたしはその後考えた。それはストラップをつける場所だ。ランドセルやバックにつけてよごしたりなくしたりするのもいやだ。だからといいひきだしにしまっておくのもせっかく買って来てくれたのにもったいない。その日はとりあえずひきだしに入れておいた。

そして思った。

わたしには姉ちゃんは特別なそんざいなんだと。

「姉ちゃん大好き。いつもありがとう。」

お姉ちゃんからお土産をもらうシーンの描き方が秀逸です。

筆者の目がそのまま、カメラのような機能を果たしているのがわかりますね。ひとかたまりの情景としてぶれることなく描けています。

文章を読んでいると、「ああ、最後が……！」と思ってしまう作品があります。

書き始めの勢いはいいものの、最後になるとテーマがずれてしまっていたり、「地球環境を守らなければならない」という冒頭の問題意識が、結論では「動物の殺処分を減らさなければならない」と一部しか回収されていなかったり。

「書きたいことが最後まではとどまらなかったんだな」とか「実は、あまり書きたいことではなかったのでは？」という印象になってしまいます。

自分の心を客観的に見つめ切れていないと、そういう文章になりがちです。自分が書こうとしている文章の全体像を、とりあえずはとらえてから書こうとしているか。子どもの場合には、一気呵成に書き上げる場合もあるでしょうし、構成までイメージしてから書くこともあるでしょう。

赤いハコ時代の子は特に前者が多いでしょうから、「書きたい」という気持ちをもってスタートできたか、ということが大きなテーマですね。

ほめ方例

▼「自分をもう一人の自分が見つめて書いているみたいだね」

▼「だから最後まで引きこまれるんだね」

ほめポイント⑩
枠組み、構成がしっかりしている

構成、というと少し難しく聞こえてしまいそうですが、文章の全体を通じての濃度がある程度一定である、ということでしょうか。

たとえば、運動会のリレーでのことを書くとしましょう。初めは緊迫感のあるスタート場面を描けていました。けれども、書いているうちに文章のゴールが見失われ、気づけば練習のことに話題が変わってしまったり、だらだらと同じ場面を書きつづけてしまっていた、というようなことはよく見受けられます。

なんらかの主張をしたい文章を書くときにも、主張部分だけを強調しすぎてしまって、それを補強する具体例や根拠が薄くなってしまったり、逆に事例などに文字数を割き過ぎて「結局何が言いたいんだろう」と読者に思われてしまったりすることもあります。

出来事についての文章であれ、何らかの論説であれ、このような「バランスの悪さ」や「熱量のばらつき」が感じられてしまうと、読む側としてはちょっと気持ちが逸れてしまいますよね。

一方、読み終えたあと、些細な描写や具体例にも、全体から見ての必然性が感じられる文章というのは、読者に考えさせる力を持っているといえます。そして読み手に伝わる躍動感も、最後まで読ませる後押しになりますが、これも筆者の動機の強さあってのものです。

どうすれば、いい構成の文章を生み出せるのか。

ひとつには、書きたくて書いているかどうか、ということがあります。

そもそもの「文章で押し続ける」熱量、動機がなければ、最後まで書きたいことを一貫して書くことはできません。これは不可欠な要素です。

そしてもうひとつは、自分である程度「あのことをこう書きたい」というイメージを持って書き始められているかどうかです。

書き始めの時点で全体像を確定しきる必要はありませんが、自分のなかにつかんでいるものが確かであるほど、書き進めるうえでの強いエンジンになるでしょう。

書き始める前のイメージから実際に書いたものに変更が加わることで結果的によくなることもありますよね。

それはそれでいいですし、それこそが書くことの醍醐味なのですが、時に論理的破綻や前提のずれが生まれてしまうこともあります。

そんなとき、青いハコに入った子には、書き終えたあとの読み直しや、全体の構成という視点での書き直しも求めることはできます。

ただ、すべての修正点を一度にはなかなか把握できませんから、1回につき1つ、2つくらいの指摘にとどめるべきでしょう。

ほめ方例
▼「伝えたいこと、書きたいことが相手にモレなく伝わる書き方だね」
▼「この段落とこの段落で、読んでいる側としては引きこまれたな」

ほめポイント⑪

感性…自分が心揺さぶられることだけを書いている

悪くない。でも、「本当にそう思っていたのかな」と感じる作文があります。どこかに、惜しさがにじみ出てしまっていて、それはやがて「本当に書きたかったことなのかな」という問いになってしまう。そういう作文です。

逆に言うと、いい文章というのは、どんなに拙《つたな》くても、最後まで「読まされてしまう」ものだと思うのです。字を追う目が止まらない。ページをめくる手が止まらない。

そういう文章の共通点は、読み手の心がつかまれているということです。あえて言葉を与えるなら、「ぐっとくる」ということでしょうか。

文章というのは、「その人の今」です。その人の全体を表すものではないとしても、その人のある部分なのです。

だから、言葉選びひとつ、文の勢いひとつ、描写の細かさひとつに、その人の感性が表れてしまうのです。

その意味で、文章というのは、正直です。出すまいとしても、全部出てしまうものだからです。いい文章には、隠しきれない感性が露呈しています。そこに人は惹かれるのです。

ここまで、①～⑪という番号をふってご紹介してきましたが、これはあくまでも言葉にしてお伝えするためのものです。それぞれの特徴というのは、お互いに支え合っていて、作用しあっています。

ほめてはいけないポイント①
お利口さん作文

ここまで、魅力的な文章をその理由とともに見てきました。くすっと笑ってしまうものや感心するもの……さまざまありましたね。

これらの作品にもれなく共通しているのは、「書きたくて書いた」ということです。先ほどの「木」のたとえでいえば、「酸素（空気）」にあたるものです。

この「書きたいことを書く」ということ。これが、実はなかなか難しい。

なぜなら、文章には読者がいるからです。自分ももちろん一読者ではありますが、ほかの人に読まれるともれなくついてくるものがあります。

それは、「評価」です。

人は基本的に、認められたい生き物です。自分の作文を見ながら同時に、ほかの人の作品はどう言われているのかな?ということも横目で見ます。

たとえば、学校で「いい作文には金色シールが与えられる」と、子どもは当然「それってどんな作文なのかな?」と気になる。

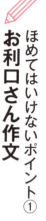

「たいてい長いぞ。ってことはたくさん書くほどいいんだな」。このとき、大人がそれは違うと示せないと、長さ至上主義になってしまう。だらだら書いてしまうのです。長いからだめ、ということではありません。作品として、「書きたい」というエネルギーがないからよくないのです。悪いクセになります。

また、「こんなこと書いちゃだめでしょ」ばかり言われていると、「こんな言葉を書いておけばほめられるだろう」という考えが透けて見える「お利口さん作文」からずっと離れられなくなってしまう。書きたいことを書くのなら、嫌だったことも作文に書くはずです。「評価」がその子の唯一絶対の軸になってしまうと、書くことの本質から、ずれていってしまうのです。モチベーションというのは複雑ですが、「ほめられないと書く気にならない」という状態は、ゴールではないですよね。

ほめてはいけないポイント②
自己陶酔

もうひとつ。それは「自己陶酔」です。

女の子に多いなという印象がありますが、たとえば、「朝、掃除をしっかりやって、私はとても気持ちがよかった。まるで、空にかけられた七色の虹の橋を渡って、そこに輝く風が吹いてくるようだった」……などと、比喩を過剰にやりすぎてしまう……というようなことです。酔っている自分に気づけていないということでもありますし、「こう言っておけばいいだろう」的な甘さでもあります。

私自身も、まさにこの自己陶酔作文や詩を書いていた時期がありました。恥ずかしくて読み返せないくらい（ここに書けないくらい）ひどかった。自分にある意味自信があったのでしょうし、ひとりで酔っていたのでしょう。お利口さん作文でもあったし、自分に酔ってもいた。

「お利口さん作文」「自己陶酔」。基本的に、これらはその子の成長に応じてなくなっ

ていきます。振り返りができるようになって、客観的な視点を持てるようになると、「ああ、意味ないな」と気づくようになるのです。

「先生にほめられても、自分が意味あると感じなければ書かなくてもいいんだ」とか、「うわっ、恥ずかしい、こんなこと書いて！」と思えるようになれば、自然消滅していきます。

私自身はというと、自己陶酔から覚めたのは仲がいい友達のおかげでした。私が夢見心地な、きれいな言葉ばっかりを並べただけの詩を書いていた同じとき、はるかに精神的に成熟していたその子は、自分の内面をえぐるような詩を書いたのです。それを読んだときの衝撃は、今でも忘れられません。

「書くってこういうことなんだ」と教えてもらったし、何より恥ずかしかったです。

第5章

お母さんがやってはいけないこと

やってはいけないこと①
苦手意識を持たせる

作文というのは、たとえば小麦粉と卵を使ってパンができた、とか、かけ算を習ったからわり算ができるとかいう、インプットとアウトプットが明確なものとは対極にあります。

ぽろぽろと出てくる言葉の源は、体験です。その子一人ひとりの体験の海、そこには家庭の「言葉のシャワー」も注いでいるわけですが、その海が深ければ深いほど、広ければ広いほど、より多くの言葉があり、ピタッとはまる表現も探すことができます。

言葉の海にもぐって探し出したい気持ち、それはつまり「書きたいことがある」ということです。だから私たちは、子どもたちが書きたいと思って書いているのであれば、まずそれを認めて価値あることだと言葉にして伝えてあげるべきです。

だから、**書きたくて書いたものが否定されるというのは、ほかの学習分野とは比べものにならないくらい大きなショックになります。**

私は、小さいころ母と交換日記をしていました。

他愛もないことを書いていただけだったのですが、大好きな母と一対一でやるのが楽しくてうれしかったのです（ちなみに三人姉妹だったので、母は3冊……大変です）。

けれどもある日、それはあっけなく幕を閉じました。

私はその日ふと、マンガを描きたくなって描いたのです。ほとんどのコマで絵は同じで、セリフで無理やり動かしているようなものでした。自分なりにがんばって。

けれど、そのマンガへの、母からの返信は「和の描くマンガはよく意味がわからない」というひと言でした。フォローのためか、こんな(>_<)マークが添えてありましたが……。

「がーん」とショックを受けた私は、もうそれ以上日記を書くことはなかった。

母も毎日3人分の返信をするのは骨が折れたことでしょう。母なりに、私たち3人とのコミュニケーションをもっととれるようにしたいということから始めたはずです。

私もうれしかった。ただ、ある一回、私のひどい漫画を見てつい母は、「よくわからない」と言ってしまったんですね……。

大好きな母からのショックなひと言ではありましたが、母は普段そういう言葉を子どもにかける人ではなかったし、幸い私は家以外の場所でも書くものを認められる機会があったため、「書くのは嫌い」といったことにはなりませんでした。

とはいえ、注目すべきは私がこの出来事をかなり鮮明に覚えている、ということでしょう。

みなさんもたくさん持っていると思うのですが、小さいころの記憶には、とてもうれしかったとか、感動したといったプラスの感情のものもあれば、遠足で置いてけぼりにされたとか、おもらしをしてしまったとかいうマイナスな感情のもの、さまざまあると思います。

おそらく、なのですが、こうやって強く残る記憶というのはどういうものかというと、誰かに話をしたり、泣いたりして消化でき「なかった」もの、つまり良くも悪くも心が強く動かされ、それを内に秘めておかなければならなかったものなのかな、と考えています。

私は、大好きな母からの衝撃のひと言「意味がわからない」を受けて、泣いたり、誰かに言ったりしたということはしませんでした。だからその分、よく覚えているのではないかと思います。

書くものについて、「意味がわからない」とか「読めない」とか「なんでこんなのしか書けないの」といった否定的なことしか言われなければ、早晩それは「苦手」になるでしょう。言葉が海でなく、まだ水たまりの子どもは、大人に対して、ましてや大好きな母親に対して言い返せるはずもない。心に秘めたそれは、苦手意識になってしまうのです。

やってはいけないこと②

比べる（性差、きょうだい、友達、自分……）

比べるのは人の性《さが》とも言えますが、文章を書くことを「嫌いにさせない」「好きにさせる」ためには最も不要なことです。

一番目につきやすいのは、「性差」でしょうか。

ある授業で、4年生が条件付き作文を書きました。テーマはというと、「10年後の自分。あなたは10年後、何歳になっているでしょうか。また、何をしているでしょうか」というものです。

Rちゃんは「早く大人になりたいです」という内容の文章を書きました。やはり、これくらいの年齢になると子どもであるがゆえの不自由さも覚え始めるのでしょう。

Rちゃんの場合、お姉ちゃんという、身近なモデルがいるということも大きいはずです。すでに、「青いハコ」に入りつつあるのを感じます。

一方、男子です。M君はこう書きました。

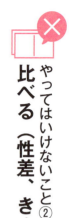

「10年後、ぼくは19歳です。友だちとたくさん遊べなくなるのでいやです。ぼくは未来が心配です。会社でやっていけるかどうか不安です。夢はJリーガーです」と書きました。笑いながら「どっち⁉」と突っ込みたくなりました。根っこは心配性、けれどカラッとした明るさも持ち合わせている彼らしい文章です。

そして、さらにS君は、

「10年後？　19歳？　オリンピック出られるじゃん‼　よっしゃ‼」と、屈託ない満面の笑みでガッツポーズしてみせました。

おわかりでしょうか、この男女差が。すでに、青いハコに入り始めているRちゃんは「10年後の自分」を今の自分から想像しようとしているし、大人への見る目も持っています。

一方、男子2人はというとまだまだ赤いハコ。当座の「遊べない心配」そして、今の自分（の気持ち）＝将来の自分（の気持ち）という、デジタル的なとらえ方で書いているのがわかります。

同じ4年生なのに、男女でこれほども違うものなのです。女の子のなかには、2年生の終わりくらいから大人びてくる子もいるくらいです。だから、**「そもそも比べていいことなんてない」というのが私の結論です。**

きょうだいの場合、上が女、下が弟だったりすると、とかく作文が気になる保護者は多いようです。

「お姉ちゃんはこんな文章書かなかったのに」がついフッと、口に出てしまっていませんか。

また、同性の友達との比較もついついしがちではないでしょうか。

「ちかちゃんはもうこんなに（量）書けるのね」

「こんなに漢字使えているじゃない、たかし君は！」……

比べてしまうことは仕方のないことだとしても、それを言葉にした瞬間、子どもの心にはその言葉が深く刻まれてしまいます。

やってはいけないこと③
言葉を先に引きとる

言い換えると、「わが子が言葉を発するのを待ってあげられない」ということです。

お母さん・お父さんは、わが子が何を言いたいのか、表情を見ればすぐに察してしまえますよね。

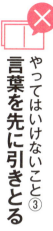

子：「えっと、持ってくの忘れちゃった」

母：「カバンから出したから連絡帳を忘れちゃったんでしょう？」

「何を」「どうして」が抜けているのに、それを指摘せず、補足しきった質問で「確認」だけしてしまっている。たとえば、こんな感じです。

親は、いってみれば、子どもの表情だけでも「何が言いたいか」をわかってしまえるものです。だから先回りして、言ってしまいがちなのですが、それが日常的になると、子どもから「自分で最後まで意思を伝えきる」という機会を奪うことになってしまいます。

普段の会話で親が「引きとり」続けている子は、作文でも親に「引きとってもらう」ことになるでしょう。それは、親が待てないからです。「いつでも必ず」は難しいかもしれませんが、できるだけ最後まで言わせましょう。

わが子が家で土日に宿題として出される日記を書いている。が、いつまでたっても進まない。

「何書くの？」

「…うーん、考えてるとこ」

「じゃあ、これは？　こないだあそこ行ったじゃない。○○ちゃんと行ったでしょ」

子どもから何も引き出していませんよね。こうなると、お母さんの作文、お父さんの作文の出来上がりです。つまり、子どものほうは海にもぐろうとしているのに（考えているところなのに）、親がそれをつかんで陸に引き戻しているようなもの。伸ばす機会、アウトプットする機会を奪ってしまっているわけです。

やってはいけないこと④
チェックする、書き直す

夏休み明けのことです。Kちゃんという子のお母さんから、後日談として聞きました。

読書感想文で、Kちゃんの書いたものをコンクールに出したい、と担任の先生から打診があったそうです。お母さんは素直にうれしく、「ぜひ」と伝えたのでした。するとしばらくしてから、Kちゃんの感想文の書かれた原稿用紙が確認用に返ってきたのですが、それは先生の朱入れが山ほど入り、真っ赤でした。

悲しそうなKちゃん。それを見て、お母さんは悩んでしまったのだそうです。コンクールに出せるというのは、ひとつの成功体験かもしれない。けれどもこんなに直したら、もはやKの書いた作文ではなくなってしまう。どうしたものか……と。結果、コンクールへの応募は見合わせることになりました。

「苦手意識を持たせる」ということともリンクするのですが、自分が一度書いたもの、完成させたものを自分以外の誰かに消されたり、上から書き直されたりするのは、けっこうつらいものです。テストで×がつくのとはわけが違います。

自分の言葉というのは、今の自分の考えや感情が表れているものですから、それを誰かの言葉で直すというのは、相当強固な信頼関係がないとできないことだと思います。

文法の間違いなどは別ですが、**内容そのものについて変更を指示したり、路線変更を求めたりするのは大人でも子どもでも酷なもの。**書いたものだけでなく、自分自身をも否定されたような気持ちになってしまうのも無理はありません。

もし、わが子の書いたものについて言いたいことがあったとしても、「**5回認めて1回指摘する**」くらいのバランスにとどめてください。それ以上に増えてしまうと、「書けば何か言われる」というモードでしか、子どもは書けなくなってしまいます。結果、書くことへの意欲は薄れてしまうのです。

やってはいけないこと⑤
ほめ「過ぎる」

人間だれしも、ほめられたいもの。「ほめて何が悪いの」と思われるかもしれません。ほとんどの「ほめ」に害はなく、いいものであると私も思います。

ただ、**作文において危ないのは「評価」で、ここが作文の一番の落とし穴だと思います。**やれ「気持ちがとてもよく書けている」だの、やれ「大作である」だの「奨励賞をとった」だの、ほめられる点はたくさん見つかるでしょう。

けれども、作文というのはインプットが「経験」なわけですから、算数の授業を受けてテストで結果を出す、といったように、結果が明らかなものではありません。それだけに、子どもにとっても「何がいいのか、悪いのか」がわかりにくいところがあります。ですから、**ほかのもの以上に、評価されすぎると、「人のために書く」のが作文になってしまいがちなのです。**

これは「書く」ということの本質、つまり自分自身がよりよく生きていくことと相反します。本当は、ただ楽しくてクレヨンを動かして描いた絵と同じように、自分が書きたくて書いたもののはずなのに。

書きたいことを、手を抜かずに、書く。これが大事で、同時に難しいところでもあります。実は高学年以降に光ってくる子というのは、それまで過剰にほめられてこなかった子だと感じます。「この子はものすごいぞ！」というような、「栴檀《せんだん》は双葉より芳し」タイプの子は別ですが、淡々と、毎週ものすごいおもしろさ・豊かさの感じられるものを書くわけではなく、けれどもその子なりの「全部書いている感」とでもいうか、読んでいるとその子の姿が浮かんでくるようなものを書いていました。つまり、その子なりに見えたこと感じたこと考えたことをありのまま書いていたということです。書く動機は「外の誰か」ではなく内なる自分にあった、という感じ。

成功体験が本当に大事であるということは、疑う余地がありません。けれども、過剰にほめすぎて、評価という軸がないと書けないというような、見返りをもとめて書くような子にはしたくないですね。

何よりその子の力を伸ばすのは、読んだ人の本音＝心から感じた「いいな」と思うこと、のはずです。自分の書いたものはこういうふうに読み手に届いたのか、ということを私たちは知りたい生き物です。おうちの人にも、わが子が書いたものについて、「すごいね」「上手だね」だけでなく、「この言葉選びがいいね」「ここからここまでが読んでいて一番ひきこまれた」など、具体的に、ご自身がいいと感じたことを言葉にしてほしいのです。

講演会のアンケートで、ご自身の「書くこと」にまつわる思い出を書いていただきました。

「私の両親は共働きでした。小3の時に作文で私が熱を出して学校を休み、一人で家で寝ていた時のことを書いたところ、先生にほめられ、その作文が保護者会で読まれたそうです。とても嬉しかったのですが、大人になって母は恥ずかしさや一人で寝かせている申し訳なさを皆の前で感じたのではないかと心配になりました。当時は母が家にいるのが当たり前の時代でもあったからです。2・3年前に思いきって聞いたら母は忘れていました（小3の当時母も喜んでいた雰囲気は感じました）。母に『あんなこと書いたら恥ずかしいじゃない』と怒られていたら、嬉しい記憶としては残っていなかったんですね」

「やってはいけないこと」に気をつけると同時に

自分の書いている言葉が正しいものか、読み手に伝わるものかどうかを、常に振り返りながら書くことは大人でも難しいですね。

花まる学習会の作文の授業では4年生以降の子どもたちには、提出する前に必ず「読み直し」をさせています。

そこで、基本的な誤字脱字には「あっ！」と気づく子が多いのですが、そんななか、一言一句ミスのない文章をコンスタントに出してくる子もいます。こういう子は授業でどうかというと、やはり音読も読み飛ばすことなくできるし、読解問題もかなりスムーズに要領をつかむことができるのです。

正確な言葉で書くことができる能力は、正確に言葉を「受けとれる」ということとリンクします。

では、どうリンクしているのか。

第4章でお伝えしたことのくり返しになりますが、まずは「正しい表現のストック」がどれだけあるかということです。

「Aさんの指摘は、非常に的を得ていた」という文章を読んで「あれ？『射ていた』じゃなかったっけ？」と思えるのは「的を射る」という表現に、その子がすでに出会っているからです。

「一文が長すぎる」表現に対して「気持ち悪いなあ」と違和感を覚えるのは、適切な長さで区切ったほうが読みやすいし伝わりやすいだろうという、いわば経験知がストックされているからです。

これまで使ってきた表現でいえば「言葉の海が豊か」であるということです。これは何も、知っている言葉が多くあるということだけを意味するものではありません。言葉の「使われ方」、つまり会話や文章といった、その言葉がどう使われていたのか、ということの記憶が豊かにあるということです。

そういう子にとっては「私が感じたのは、このことをずっと忘れないだろうということを感じました」は気持ちが悪いし、直し方もわかります。

「馬から落馬した」という文からは意味が重複している違和感を覚え、「落馬した」に書き換えることがごくあたりまえにできます。

逆にいえば、つまり、**「なぜ間違っているのかわからない」という子は、正しい使われ方、意味の通る表現が「ストックされていない」のです。**

だから、「書き終わったら読み直してみなさい」と言ったり、「ね、ここが間違ってるでしょう?」と言い聞かせたりする指導には意味がありません。だって、比べる先がないのですから。

「言葉の海」は、私たちがそれぞれ内に持っている辞書だと思えばいいでしょう。「この言い方はしないかな?」と思ったときに、私たちは自分たちの辞書＝言葉の海を探します。その辞書がどれだけ分厚いかは、育つなかでどういう経験をしてきたか、どういう言葉を浴びてきたか、そして経験と言葉をどれだけ結びつけてきたか、によるはずです。

子どもたちの言語環境で、最重要ポイントは「家庭」です。とりわけ、家で一緒の時間を過ごすことが多い大人の言葉は強い影響を及ぼします。

5歳のある女の子の口癖は、「だって、わかんないじゃん」。これはお母さんそっくりです。

「ていうか」という2年生のお母さんはやはり、意味もなく「ていうか」から話を始めます。

門前の小僧習わぬ経を読む。いい使い方も間違った使い方も、親の言葉づかいや表現は、その子の辞書に格納されていくということでしょう。

3年生くらいになると、子どもの世界は広がりを見せます。言葉の面でも、家では教えたつもりのない乱暴な表現を使ってみたりもします。これは、新しい言葉を友人関係から拾ってみて使う、ということを試している時期にあたり、とても健全な発達段階です。人間関係の広がりに伴い、新しい表現を取り入れる間口が広がっているのです。

家庭で浴びてきた言葉のシャワーをベースに、言葉の海をより深く、広くしていく時期です。

否定

第6章

お母さんが
やってあげたいこと

やってあげたいこと①

正しい言葉で

言葉に限って、おうちの人がわが子にできる意味ある仕事。その一つは「おうちの人自身が、言葉を正しく使う」ことです。

具体的には、「わが子から聞かれたことに正しく返す」「間違った言い方をしていたらその場で直す」。この2つだけです。

聞いたことに正しく返してもらえた子は、自分が何かを聞かれたときには正しく返すのがあたりまえになるでしょう。

「熱が治ったとは言わないかな、熱は下がると言うよ」といったように、正しい表現を教えてもらってきた子のなかには、言葉のストックがあるはずです。

いちいち伝える手間はかかりますし、成果は目に見えるものではなく、わかりにくいです。けれども、ここをおろそかにするわけにはいきません。

親の側が正しい言葉を使いつづけることで、子どもたちは彼ら自身の「言葉の海」を豊かにしていけるのです。

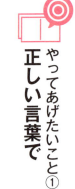

やってあげたいこと②
言葉のシャワーを浴びせる

わが子の言い方や作文を見て、「もっとほかの言い方ができないのかな」と感じることがあるかもしれません。その子のストックは豊かになってきているけれど、使う機会があまりないので、作文ですぐに使えるようにはならないな、というのが現場で見ていての実感です。少しタイムラグがある、といったらいいでしょうか。

ですから、**そんなふうにもどかしく感じたときにやっていただきたいのは、「もっといろんな言葉を使って会話しよう」とこちらが切り替えてあげることです。**

ある作文で、まだ日の落ちていない時間帯に昇っていた月をこう表現した子がいました。「薄切り大根みたい」と。

光を受けてうっすら透けるような白さを持った月のことを、この子は絶妙なたとえを使って表現したわけです。

これは、日ごろからさまざまなたとえを耳にしていないと出てこないはずです。家庭での言葉のシャワーが、良質なものであったのでしょう。

やってあげたいこと③

ありのまま書けたらほめる

よく作文では「気持ちを入れましょう」という指導がなされます。しかしこれは、文章を書くことの最終的なゴール「人が生きていくための、つまり誰かとつながっていくための、大事な手立て」になりうるか、という点で考えると疑問が残ります。気持ちを書きたければ、書けばいいのです。その子が書きたいことなら、最も良い内容でしょう。

けれども、「気持ちを入れなさい」と、頭ごなしにルールとして書かされるのは、違うと思います。「かなしかった」とか「悔しかった」という言葉を使わなくたって、描写だけでその感情を表す力を子どもたちは持っているし、そういう文章でないと表現できないものだってあるはずです。

どうか、お母さんの側が子どもたちに寄り添ってあげてください。

「セリフを使いなさい」とか「五感で表現しなさい」「気持ちを書きなさい」といった、ときに効果的ではあるけれども、本質的ではない声かけに子どもが縛られること

のないよう、接してあげてください。

書くことを好きになるためには、まず、嫌いにさせないことです。そのためになにより大事なのは、子どもたちが、今書きたいと思うことを書いた、そのことを認め、受け止めてあげることです。

親の側が、使う言葉の質や範囲を（語彙を）上げていく、広げていくことは大事です。ただ、これは一朝一夕にとはいきません。その一方で、すぐにでもできるのは「書きたくて書いたんだな」ということがわかる作文を認めてあげることです。それをつづけることが、書くことへの意欲、書くことへの自信を伸ばす手助けになります。

やってあげたいこと④
隠れた気持ちをすくいあげて言葉にする

第3章でお伝えしたように、子どもの書くもの、とりわけ赤いハコにいる子の書くものは「足りない」ものです。大人が読んだら、「なんだこれ？」と思うけれど、書いた当人はとっても満足気な表情！ということは、よくあります。

では、どうするか。

基本的に、書くことがあたりまえのもの、欲をいえば書くことが好きになっている子たちの表現というのは、主体的に書いている分、豊かになっていきます。ですからまずやってあげたいことは、前項の③のように、ありのままに書けたことを認めてあげること。

これに加えてやってあげたいのは、**「足りない言葉のなかに隠された、その子の気持ちを言葉にしてあげること」**です。

たとえば、こういう作文を書いた1年生がいたとしましょう。

1年男子

いちりんしゃ
いちりんしゃを、なんじかんでもやりたいです

……どうでしょうか。さあ、「何のことやら」という大人モードではなく、足りない言葉のなかから、この子が一文に込めた気持ちを読みとってみてください。
「本当にいちりんしゃが楽しかったんだね。夢中でやれるんだね」。私だったら、こう返します。

ではもうひとつ。2年生です。

2年男子

じゅぎょうさんかん
きょうぼくはしょうがっこうにいきました。と中でじゅぎょうさんかんがありました。
おかあさんがむかえにきました。

……隠されているのは、どんな気持ちでしょう。

この作文で一番光っているのは「おかあさんがむかえにきました」というところです。そう、この子が書きたかったのは、学校に普段は来ないはずの人、しかも大好きなお母さんが来た、という非日常のうれしさだったのです。

私はこうコメントしました。

「いつもは来ないお母さんが学校に来てくれてうれしかったね。帰り道も、いつもとちがう感じだったでしょう」

足りない言葉に隠れているものを大人の側がすくいあげて言ってあげてください。そうすることで、子どもは「ああ、ぼくが／私が書いたものがわかってもらえた」という気持ちになるでしょう。

そして、こう思います。

「書いてよかったなあ」

「書くって楽しいなあ」

「また書きたいなあ」

やってあげたいこと⑤
楽しみにさせてから書く

たとえば、土日に日記の宿題が出ました。「書くことがない」と言っているわが子。いつまでたっても筆が進まず、ついつい「遊園地に行ったじゃない」とか「この間おばあちゃんと遊んだでしょう」など、こちらの口が出てしまう。それでも書かない。最後は見ている親のほうがイラッとしてしまう……そんなことがありませんか。

「書くことがない」と言っている子はそのとき、自己像がマイナスなものになってしまっています。こういうとき、大人の「書かせよう」「書かせなきゃ」という気持ちは、敏感な彼らにすぐ伝わります。

「自己像を大きく、よくしてあげる」ことが、まずはやってあげるべきことです。他愛もないことを、「この子の心の琴線はどこだ」と頭をめぐらせながら話し続けましょう。

そして必ず、**その子の表情がパッと明るくなる楽しい話にまで持っていくことです。楽しいこと、心踊ることを一緒に話す、言葉にさせることで、「よしっ、書くぞ」と**

いう気持ちをふくらませてあげるのです。

ある瞬間、表情がひときわ光ります。

「……あ、そういえば歯医者に行くとこういう顔になる」

「それ、書こうよ」

「お父さんも書きたくなっちゃった」と一緒に鉛筆を動かすもよし、話しながら書くもよし。

本人が「書き上げた！」という気持ちになった瞬間、「その気持ちが、書く楽しさだね！」と見逃さずに言葉にして認めてあげましょう。それだけでもう、「書くことはちょっとおもしろいんだな」という感覚が芽生えます。

もちろん、私たち教える立場の大人が、書くことのおもしろさを知っていることが大事ですね。

大人になりつつある青いハコで

花まる学習会では毎年「作文コンテスト」を実施しています。

2年生の作文を読んでから、たとえば6年生のものを読むと、まるで別世界です。どちらが良い悪いではなく、書いている主体である子どもが、まったく別ものといっていいくらい、7歳と12歳では違う、ということです。カエルがオタマジャクシに変態するように、幼児期を経て子どもは若い大人へと着実に変化しているのです。

では、書き言葉という側面から見てみると、どのような変化があるのか。

たとえば、タイトルだけ見ても、5年生になると「お金の大切さ」「幸福とは」「大切なもの」「意志力のなさ」「伝えたいこと」……といったように、われわれ大人でも考えるようなものが多くなってきます。内容にしても、「ここまで考えられるのか」といったような地道な思考の連続を目の当たりにすることも多いのです。

考え

4年男子

ぼくにはいろいろな考えがある。それは学校の事ばかりだ。なぜ学校はあるのか。遠い所では、びんぼうで学校にお金がはらえない人たちもいるのに。なら学校に行かなければいいじゃないか。でもいろいろな事がわからない。それなら親が教えればいいじゃないか。まあでもそしたら親になったらめんどうくさいか。ならかてい教しか。でもやっぱり学校がいい。もうそれなら一学年一クラスにして、無料にすればいいじゃないか。でもそしたら一人ひとりよく見てもらえないか。それに先生つかれるか。なら学校をたくさんたてればいいじゃないか。そしたらたてるのにお金がかかってお金をはらうはめになるじゃないか。それなら大きなたてものにして、幼ち園、ほいく園、小学校、高校、大学、全部いっしょにすればいい。そしたらはらうお金も少なくなる。そしたらまた一人一人見てもらえないし、先生を集めるのに大変だ。それなら元にもどってふつうに学校でいいのか。ぼくの頭はいつもこういう事でめぐっている。

……こういう文章が出てくるようになってくるのです。もちろん、まだまだ子どもらしい面も持ち合わせているのですが、同時に、心は深堀りを始めているという、いわば「大人への過渡期」を迎え始めるのだということがよくわかると思います。

①まずは、赤いハコから青いハコへと移行するなかで、少しずつ自分のまわりで起きている出来事について、客観的なまなざしを持てるようになってきます。他者性が出てくる、といってもいいでしょう。

文章においても、自分の書いたものを読み直して手を入れたり、一定時間を置いたあとに書き直したりといった作業が可能になってきます。これを読んだ人はどう思うか、という想像をめぐらせたりもできるようになります。

②言葉で考えることがより深くできるようになってくるので、内面の心の動きもより豊かになります。「何のために生きているのか」とか「幸福とは何か」といった、答えのない問いかけを始めることがひとつのサインでしょうか。哲学が始まり、そして「書く」ことが、考えるための道具になりうるのです。

③しかし、個人差、性差はかなり存在します。

同じ10歳でも、子どもによってはまだ赤いハコに片足が入っているような子もいますし、もう大人と対等に議論ができるような成熟度の子もいます。赤いハコにいる子に、たとえば文章の推敲をさせることはかなり大変です。自分自身で書いたものを一旦疑ってみる、ということがまだできないからです。

今のお子さんが、どういう発達段階にあるのかを見極めてあげる必要があります。また、167ページに先述したように、女の子のほうが男の子より精神的な成熟は早いケースが多いのは納得されるところでしょう。

9〜10歳のころというのは、話すということに加えて、書くことが自己理解、他者理解のひとつのツールになるかならないかが決まる最初の時期だと思っています。しんどいこともあるけれど、ぴったりくる言葉が見つかったときや、感じたまま思ったままを書き表せたときの快感を、青いハコ時代に一度でも味わえるかどうかで決まるのではないでしょうか。さて、ここまでの項目に加えて青いハコ時期に、ぜひ保護者のみなさんにお願いしたいことをお伝えします。

青いハコ時代にやってあげたいこと①
哲学を促す環境を

他者性が出てくるというのは、自分と他者との間に関係を見出せるようになる、ということでもあります。それは、憧れであるかもしれないし、嫉妬であるかもしれない。なつかしさであるかもしれない。対人関係のあらゆるものが始まっていきます。対人関係を引き延ばしていくと、社会になります。世間、でもいいでしょう。人とのつながりというものが、これから生きる子どもたちにとってベースとなります。

人とかかわるなかで、迷いながら、揺れながら私たちは、自らにふりかかってくる問題にどう対処していくか、という経験を積んでいきます。

そして、この経験を通じて形作られる「その人なりの物事への処し方＝哲学」ができあがっていきます。

他者性が芽生え、それに付随して人間関係でもさまざまな問題にぶちあたる思春期というのは、哲学の萌芽であるともいえます。

逆にいえば、自省、内省をせざるを得ないような経験をどれだけできるかということが、哲学の深みに関わります。

思いどおりにならないから葛藤するし考える

それでは、「哲学せざるを得ない環境」とは、具体的にどういうものなのでしょうか。ご自身の少年少女時代も思い出してみてくださいね。

- 「負ける」経験……成績、レギュラー争い、恋愛など
- 「ぶつかる」経験……仲のいい友人とのケンカ、部活の運営方針、進路など
- 「比較する」……魅力、育ち、友人など

例として挙げましたが、**これらに共通するのは「思いどおりにならない」ということではないでしょうか。**ほしいものが得られない、自分の思ったことが通らない、もっとほしいものが出てくるのに持っていない……**言い換えれば、理想と現実のギャップが見えて、それに苦しむ、ということでもあります。**

この、理想と現実をちゃんと見られているということがとても大事になります。なぜなら、哲学というのは、この両者の間を行き来しながら、自問自答することでできあがっていくからです。

「あの先輩みたいになりたいなあ」と憧れて、「じゃあ、あの音をめざして練習しよう」というのもそのひとつですし、「なぜあの人はあんなにいいのに、自分はこんななんだろう」という比較をたくさんするなかで、自分がなぜそれをうらやむのか、嫉妬するのかということにも向き合っていくはずです。やがて、「本当に大事にしたいこと」「本当に意味のあること」は何か、という考えにいきつくことでしょう。

自問自答の量というのは、ちょっと話しただけでもわかる人にはわかってしまいます。**たくさん考えて、たくさん試してみた人というのは、それだけ確かな哲学を持っているということです。それは、社会に出てからも永遠に失われることのない財産です。お金でも絶対に買えないものです。**その財産を、豊かに持たせてあげてほしいと思います。

私自身が、初めて「哲学」の片鱗を自分自身に見出したのは、ある本との出会いでした。『羊の宇宙』（夢枕獏作・たむらしげる絵、講談社）という絵本です。11歳くらいのことだったでしょうか。もともと、たむらしげる氏の絵に惹かれていたのがきっかけで手にとった本でした。

アルベルトという老物理学者と、天山の山のなかで羊の放牧をしているカザフ族の少年との対話がベースになっている本なのですが、たとえば「一番はやいものは、光なんだ」とアルベルトが伝えると、少年は「その光というのも相当なものだと思うけどね、ぼくはもっとはやいものを知っているよ」と返します。「それはね」少年は続けます。「ぼくのお父さんがお父さんになったときさ」。真理をすべて知っているはずのアルベルトと、まったく違う場所とアプローチで世界を考えてきたカザフ族の少年。この2人の対話に強く引き込まれてしまったのです。

つまり、直接的な人との出会いやぶつかりでなくても、たった一冊の本でも哲学を持つには十分なきっかけにはなるということです。

もちろん、生身の人間関係には豊かに触れてほしいですね。基本的には、中学高校時代は放っておいても波乱万丈な時代ですから、哲学せざるを得ない環境ではありません。悩んでいる自分を外にうまく表現することもできず、まわりの人に当たるのもこの時期でしょう。お母さんは、「あぁ、これはいいきっかけだな」というくらいの気持ちで、どうぞ「いつもどおり」で構えていていてほしいと思います。

青いハコ時代にやってあげたいこと②
骨太な本を置いておく

「哲学の萌芽」である青いハコ＝思春期には、すぐには答えが出てこないような問いを抱えるようにしながら過ごす日々もあります。薄い膜が張っているような、考えのピントがなかなか合わないような、それでいて悩みは自分を覆ってしまうくらい大きく大きくなっていってしまう。そんな時期だと思います。

実はこの時期というのは、社会と接点を持ち始めるきっかけにもなります。たとえば、家庭の経済状況が気になったとしましょう。私立は厳しいかな……言葉にはされなくとも、そんな暗黙のお願いが親から伝わってくる子もいるかもしれません。あるいは、恋愛での悩みが深刻になる子もいるかもしれません。

悩めるだけ悩んでしまう時期でもあるので、必要以上に深刻になりがちなところですが……そんなときに支えの一手として有効なのが、先達の知恵が書いてある本です。

私自身のことでいえば、小学6年生くらいからずっとずっと悩みだったことへの答えをくれたのが、吉本隆明さんと糸井重里さん共著の本（『悪人正機』新潮文庫）にあったある一文でした。今でも強く感謝していますし、そういう本があるということは、読むことへの興味をさらに高めてくれました。「世の中には、ここまで考えている大人がいるんだ」ということは希望なのですよね。同じ人が書いた別の本への興味は当然増しますし、そこからつながるようにして同テーマの本を読んだり、それが学問での興味の軸になったりもします。切実な悩み、壁にぶつかっているときに出会った言葉の影響力は大きいのです。

ちくまプリマー新書や、古本にはなりますが「よりみちパン!セ」シリーズなどは、おすすめです。さまざまな分野の人たちが、簡単な言葉で本質を言い当ててくれています。もちろん古典もいいです。文章が難しいと目が拒否してしまう、という人は、物語もおすすめです。

上橋菜穂子さんの「守り人シリーズ」(新潮文庫)はたとえば、人類学の豊かな知見がベースにあるので、フィクションでありながら矛盾を矛盾として描き出すことに成功しています。思いどおりにはならない現実を、どうとらえ、生きていくか。物語に没入するなかで、読者である私たちも考えざるを得ません。

青いハコ時代にやってあげたいこと③
本音で話す

良書を手が届くところに置いておく、ということに加えて、やはり思春期の子に一番響くのは、「目の前のひとり」からの言葉でしょう。そう、保護者のみなさんです。なかなか本音が言いづらい時代。言葉ひとつがあっという間にネットを通じて広まってしまいます。大人も公共の場ではなかなか本音をさらけ出すことができません。でも、本音に触れることは、先述したように、この時期とても意味があるのです。

先日、授業を始めようというときに、6年生のある男の子がこう言ってきました。

「先生、どうしてそんなに元気なの?」

「どういうつもりで聞いてきたんだろう」と思いつつ、「そう? 楽しいからじゃない?」と答えました。授業をしている時間はいつも幸せだからです。そう伝えても、「ふうん」といまいち納得がいっていない様子。「でもいつもなの?」と横に座っていた女の子も入ってきました。

「いやいや、そんなわけないよ。いつも元気でいられたらいいけれど、嫌なことだって気分が沈むことだってあるよね。今自分はそういう状態だなーってわかっておくことがとても大事で、じゃあどうしようかって考えればいいんだよね。私の場合はね……、そういう嫌な感じになったら、どうやったら楽しくなるかを考えてやってみるか、最悪、寝ちゃうんだよね」と伝えると、「寝る⁉」と意外だったよう。

6年生。大人に対して疑問を持ち始めてもいる時期です。ひと昔前より、簡単に情報が手に入ります。良いものも、悪いものもそうです。疑問が「本当なの？」という疑念に変わることもあるでしょう。

この男の子はもしかしたら「なんか疲れたなあ」というような思いが、どこかにあったのかもしれません。授業で見ている先生（私のこと）はいつも元気で「いつも、ああなわけないじゃん」というような気持ちから、聞いてきたのかもしれませんね。これに対して、私は何も嘘をつかず、日常の自分のあり方をそのまま伝えました。

こんなふうに、もしわが子から悩み相談があったら、そのときは「本音で」語ってあげてください。

「一般的にはこういう意見が多いけれど、お母さんは～だと思っているんだよね、なぜなら……」「お父さんは～という経験をしたんだ。だから、～というふうに考えている」と言ったように、ご自身のこれまで積み上げてきた考えを、率直に伝えてあげてほしいのです。

それを正解だと押し付ける必要はありません。**身近な人が、真剣に伝えてくれた言葉だということが、その子にとって大きな意味を持つのです。**

「お茶を濁しているかどうか」なんて、**完全にお見通しの時期。本気でぶつかってください。**

Column

紙の本と電子書籍、辞書とインターネットどう使い分ける?

言葉の意味をネットで調べるのは?

最近よくある相談で、「言葉の意味を調べるときにインターネットを使ってもいいのでしょうか?」というものがあります。

4年生の国語の授業でのことです。ア~エの4つの文章があり、一つだけ違うものを見つけるという問題でした(ウのみ心情、それ以外のアイエは、事実を書いているというのが答えです)。

R君がこう説明を書きました。

「ウはざっくりしてるけど、アイエは目に見えることを書いている」。

要点はとらえていますよね。解説のあと、私が気になったので「ざっくり」って、辞書に載っているのかな?とみんなで調べてみました。

子どもたちの持っている辞書のほとんどでは、「①布地などで、あらく織った感じ②力をこめて大きく切ったり、切り口が大きくあいたりする様子」という意味でした。クラスのなかで、「ざっくりした布」を使った服を着ている子はいないかな？と探して実感させました。そのうえで、「R君が使った『ざっくり』は、このどちらにもあてはまらないよね」と私が言うと、子どもたちからは「うんうん」「大まかに、とか、そういう意味だよね」という反応が返ってきました。

R君の「ざっくり」は、「ざっくりしてるなあ」といったふうに相手が大雑把に、印象をつかんだぐらいの表現をしていることに対して、主に若い世代が使っている意味です。

インターネット上の辞書には、次のような意味も載っています。

- 大ざっぱなさま。全体を大きくとらえるさま。おおまかに。「取りあえず—としたところだけでも決めておこう」「—とした話し合い」「要旨を—ととらえる」
- 金・米・砂などを、大量に、また、無造作につかんだりすくったりするさま。「砂利を—（と）すくう」

・上着などを無造作に着るさま。「―（と）着こなす」

紙の辞書は、改訂に大変なコストがかかります。ですから、ひとつの版を改めるごとに、「確かに今は膾炙《かいしゃ》しているかもしれないが、10年後にも本当に残っているだろうか」という吟味を丁寧にしているのです。

一方、オンライン辞書は、その必要がありません。加えるのも、削除するのも一瞬です。ただ、調べる速さでは圧倒的にオンライン辞書が有利です。

子どもたちに伝えたのは、以下のことです。

①紙の辞書は、こういう選別を経て載せられている言葉がほとんど。つまり、紙の辞書に載っている言葉ならば、ある程度広い世代の日本人に伝わる言葉である、という考えを持ってもいい。R君はとてもいいテキストを出してくれた。「ざっくり」という言葉を、みんなはわかるかな？ともし疑うことができたら、紙の辞書を引いてみるといいね。

②言葉は使う人によっても、時代によっても変わる。文脈によっても違う。
たとえば、「不分明」は、テキストに出てきたけれど辞書にはほとんど載っていなかったよね。「分明」はあったけれど。紙の辞書に載っていないからわからなくていい、ということも、ない。わかろう、として読むことが、一番その人の語彙を豊かにするんだね。

「言葉を使う」「書く」ということに照らし合わせると、紙の辞書はまだまだ、置いておいたほうがよさそうです。と同時に、インターネット上の辞書での調べやすさも、その正しい使い方を理解していれば価値が出てきますね。

紙の本か、電子書籍か？

これから、電子書籍リーダーがより普及するでしょう。電子書籍と紙の本には、それぞれどういう利点があるのでしょうか。

●電子書籍のメリット①場所をとらない／持ち運びが楽

なんといってもこれは大きいです。本は場所をとるものですが、電子書籍であれば厚みわずか1センチの厚さに何百冊もの本を収めることができます。読みたい本を家でカバンに入れて、読み終えた本を本棚に戻して……といった手間も不要です。

●電子書籍のメリット② 読みたい、と思ってからのタイムラグがない

購入してダウンロードすればすぐに読み始められる。これも大きな魅力です。

私自身、Kindleを愛用しているひとりですが、いろいろなジャンルの本を読むにつれて、電子書籍で読むのに適しているものとそうでないものがあることに気づきました。

たとえば、詩集は、電子書籍に向いています。項が短めのビジネス書もいいです。もう何度も読んで、それでも手元に置いておきたい小説も向いています。漫画とも相性がいいように思います。

一方で、ロジックや図表を振り返りながら理解する必要があるものは、電子書籍では読みづらさを感じます。学術書や、設定の複雑な小説なども含まれます。

ある実験の結果として、「画面で読むよりも紙で読んだほうが内容をよく理解・記憶できる」ことが示されているそうです。その理由として、

- 文章の一節を思い出すとき、それがページのどこにあったかを思い描くことが多い（開いて持っている状態の本にはたくさんの「ページの角」があり、そうした位置の記憶を強めている）。
- 紙の本の場合、読み返したいページへさっと飛んで文を参照したり、先の部分に書かれていることにざっと目を通したりできる。
- PCやタブレット端末の画面は発光しているので目を疲労させるほか、集中力を消耗させる可能性がある。
- 既読ページと未読ページの厚さを手で感じとることができる。1冊についてよりはっきりした全体像を描きながら読むことができる。電子書籍では、ロジックを振り返りたければ、タップしなければならない。ページの移動選択をして、移動したいページを選択しないとたどり着けない。

紙の本と電子書籍リーダーで同じ本を読んだとき、物語の筋をより覚えていたのは

紙の本を読んだグループだったそうです。論理性が発達してくる3、4年生ごろからは、子どもたちは自分で読みながら戻って、また読む、といったことをあたりまえにしていますが、紙の本は「戻って読む」ことが容易なのでしょう。
もちろんこれから、電子書籍リーダーはより紙に近づくべく進化していくでしょう。それらの技術革新と併せて、私たち大人は「本当に読みやすいと感じるのはどっちだろう?」と分野/ジャンルごとに使い分けができるようでありたいですね。

参考文献/『別冊日経サイエンス　心を探る　記憶と知覚の脳科学』(日経サイエンス社)

第7章

書くことだけが書く力を伸ばすわけじゃない①

話す／聞く

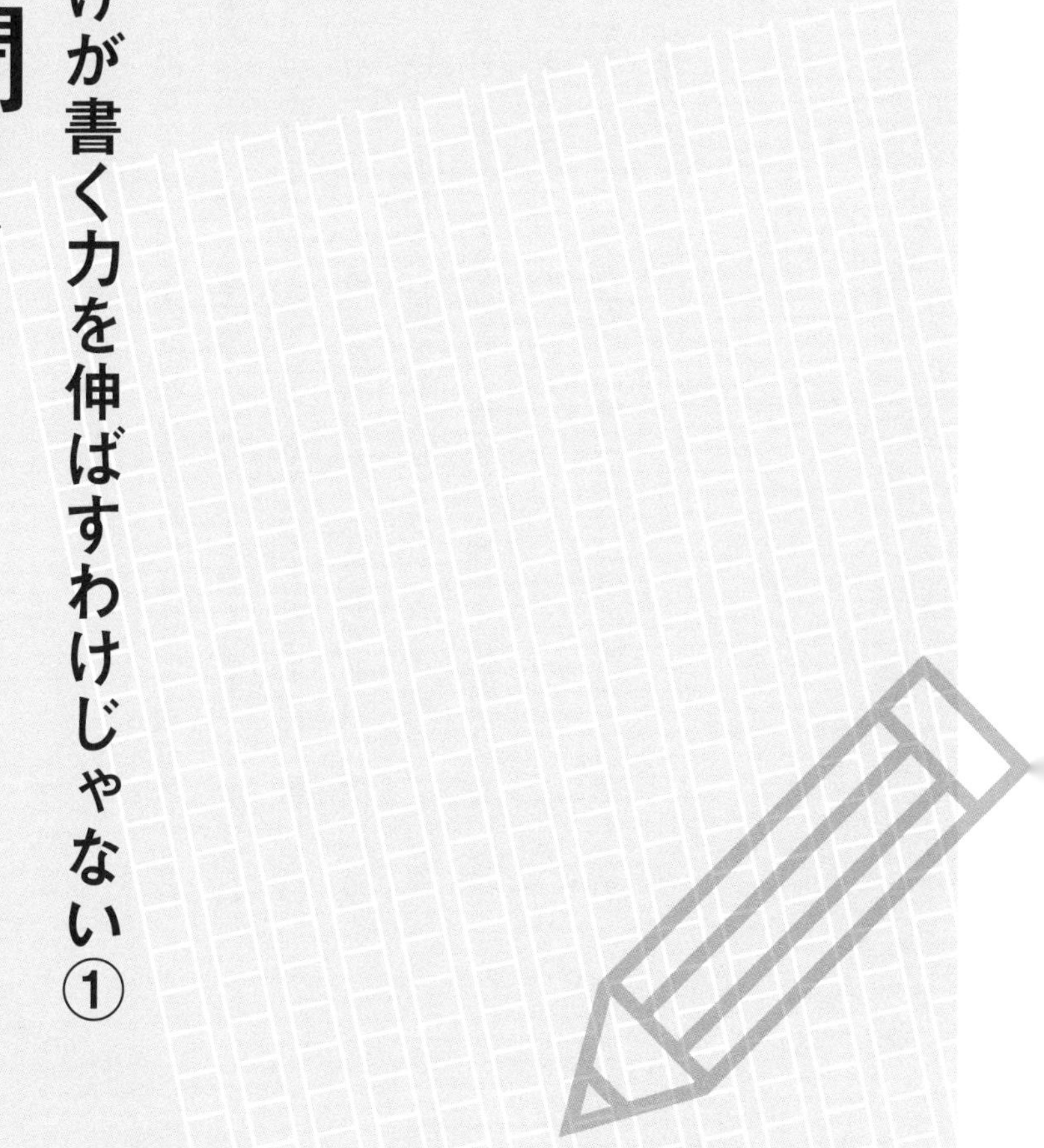

この章では、書く力を鍛えるための具体的な取り組みをお伝えします。書く力を鍛えるのだから書く練習……というわけではありません。第1章でもお伝えしたように、書くというアウトプットには、「言葉の力」の要素である、「聞く、読む、話す」という行為も強くリンクしているのでしたよね。つまり、書くことだけが、書く力を伸ばす練習ではないということです。

▼のついているものは、特に青いハコの時期におすすめの取り組みです。

素読で言葉のリズムを！

私は、中高の6年間をミッション系の学校で過ごしたのですが、そこでは毎朝礼拝がありました。毎朝、賛美歌と「主の祈り」を行ないます。毎朝を6年間、ですから、もう身体にしみついてしまっているのです。「天にましますわれらの父よ……」から始まる「主の祈り」は、いつでも諳《そら》んじることができます。賛美歌にはたくさんの種類がありましたが、よく礼拝用に選ばれていた歌は十数年経った今でも歌えます。

これはもはや、教養といってもいいでしょう。

たとえばキリスト教の歴史をたどるとき、主の祈りや賛美歌の言葉がわかれば、その分身近になります。クリスチャンと会話をするときにも、彼らの文化や背景にあるものの考え方に、触れやすくなります。

声に出してくり返し読んで、フレーズごとまずは覚えてしまう。これが素読です。意味はあとでわかればよく、音として、言葉の使われ方ごと身体にしみこませてしまうのです。

日本語でこれをやる意味は、いい「言葉のリズム」を身につけてしまうということです。俳句や短歌などはわかりやすいですよね。

「くれなゐの　二尺伸びたる薔薇の芽の　針やわらかに　春雨のふる」とか「雀の子　そこのけそこのけ　お馬が通る」を読んでいるときの気持ちよさ。

また、『平家物語』の「祇園精舎」などは、読んでいて心に入ってくるものがあります。

夏目漱石『草枕』より「智に働けば角が立つ。情に棹させば流される。意地を通せば窮屈だ。兎角に人の世は住みにくい。……」。

これなんかも、大人が意味を汲んで読むと、言葉のリズムの良さに加えて「どうしてこうも真理を美しく表現できるのか」とぐっとくるものがあります。

赤いハコの時期の子どもというのは、耳から入った音を覚えるのが大得意です。CMソングとか、踊りとかをあっという間にコピーしますよね。あれは、彼らの特性なのです。ですから、素読というのは、赤いハコの時期にぴったりの方法です。「どっどどどうどどどうどどどう…」という『風の又三郎』の一節などは、身体をゆらしながら味わっていますよ。

▼地図や写真を説明する

最寄駅から自宅までの地図を用意してください。わが子に、「駅から自宅までの道のりを説明してみて」とリクエストしましょう。「改札を出たら右に曲がって、それからまっすぐ行って少し進んだ道を左に……」などと言ったら、「少しってどのくらい？」と質問を投げかけてください。勘のいい子であれば、この時点でハッとするでしょう。「そうかあ、少し、じゃわからないよなあ」と。

これは言葉を客観的に選択する訓練です。ほかにもいろいろな方法があります。写真を見せて、そこにあるものを説明してもらい、説明を聞いている側が絵に起こしてみる、という方法もいいですし、あるキャラクターの絵を見ながが

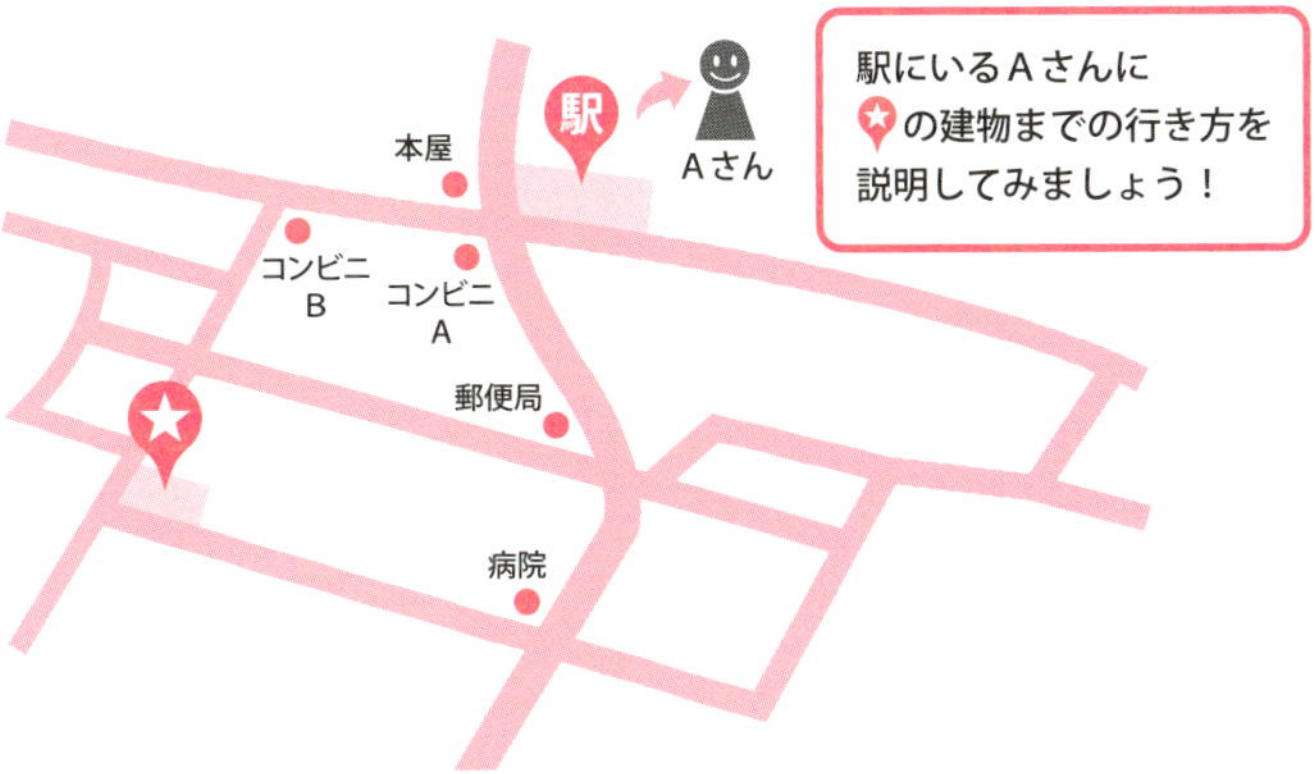

地図を説明する

ら説明させ、同じように説明を聞いている側が絵に起こすことも同じ効果があります。

鑑賞会で発表しあう

大げさなものではなく、同じ物語を読んだり、同じ映画などを見たりして、何を感じたのかを発表しあう機会です。人数は、できれば3人くらいがいいでしょう。

これにはいくつかの目的があります。

- 相手に伝わる言葉を使おうとチャレンジすること
- 目の前に聞いてくれる相手がいるから、反応がすぐわかること。自分の言葉がどのくらい伝わるんだろう、ということへのフィードバックがすぐにできる
- 相手の考えを知る。なぜこの人はこう考えるんだろう?という他者性へのきっかけ
- 相手の使っている言葉を知る、盗む

家族でやるときには、「第1回、鈴木家鑑賞会をやります!」などとイベント感を出して、親が先になりきるのがポイントですね。

ほかの言葉で

人には、ついつい言ってしまう口癖というものがありますよね。「かわいい」とか「きれい」とか「すごい」とか。言葉のシャワーをたくさんあげられるように、こちらの使う言葉を少しだけ意識してみませんか。

「かわいいね、この服」の「かわいい」の代わりに、どんな言葉があるだろう？「イルミネーション、すごかったね」の代わりに、どの言葉だったらよりふさわしいだろう？といったように。

ほかにも、1日1種類の「口癖言葉（よく使ってしまう言葉）」を封印する！という遊びにしてしまうのもいいですね。家族ぐるみでできそうです。

すきま時間で言葉あそび

これは、なんでも構わないのです。「ちょっと時間ができたなあ」というときにぜひ、試してみてください。

しりとり

……文字数指定をする、ジャンル指定をする、2文字を拾っていく（みかん→かんづめ→つめきり→きりえ、など）、指定語句を入れる（どの言葉にも「ん」を入れるなど)、漢字でしりとりをする……。ルールを変えることで、いくらでもレベルを変えることができます。子どもは、自分の知っている言葉をアウトプットするのが大好き。いくらでも燃えます。

同音異義語

……はし(橋、端、箸)、とうだい(灯台、東大、当代)、へいき(兵器、平気)、きょうだい(兄弟、強大、鏡台)などの、いわば「だじゃれ」にあたる言葉あそび。「それって、どういう漢字?」といった質問も飛び出し、辞書に親しむきっかけにもなるでしょう。

連想ゲーム

……ぞう↓耳↓うさぎ↓白↓わた↓ふわふわ↓かにたま↓グリーンピース……などのように、言葉の持つイメージをもとに連想をつなげていくゲームです。あたりまえですが、同じ言葉でも、人によってどういう連想が出てくるのかがわからないところがおもしろいあそびですね。

数当て字ゲーム

……「229=にんにく」「06=鸚鵡《おうむ》」「310=ミント」などのように、数字の音から何の言葉を表しているのかを当てるゲーム。暗号を解くような楽しさがあります。

●周辺ゲーム

……たとえば「ふわふわ」を、「ふわふわ」という言葉を使わずにどう表現するかというものです。「さわったときの感じで、マシュマロとか、わたあめとかの感じ」などと制限がつくことで、これまでとは違う言葉を使って伝えなければならないところに意味があります。

読み聞かせ

文章題が解けない子のつまずきの一つが「書いてあることがイメージできない」ということです。これが悪化すると、自信が失われ、「読まずに、問題に出ている数字を適当につまんで式に書く」という投げやり状態になりかねません。そして、これが書き言葉にどう表れるかというと、なかなか読み返すことができない。結果、書きたいことは書いているのに、読者からすると支離滅裂なことが多くなってしまいます。

読み聞かせは「イメージすることに集中できる」という点でおすすめの取り組みで

す。何年生でも楽しめます。大人でも朗読会は聞き入ってしまいますよね。

▼学校の音読宿題を侮るべからず

読み飛ばしなく文章を把握することを精読といいます。読書は、自分の気持ちに任せてある程度自由に読むことができますが、精読とはいわば、仕事のようにヌケモレなく正確に読むことです。

算数の文章題だとわかりやすいのですが、「ある学校の3年生は1クラスに32人ずつ生徒がいて、3クラスあります。学年全体で3名休みがいました。今日出席した3年生は何人でしょう」という問題があったとします。

ここで「全体で」というたった一語を読み飛ばすと、「(32－3)×3＝87人」という答えになってしまいます。

そこで活用したいのが、学校によっては毎日宿題になる音読です。「音読はどうですか？　間違えずに読めていますか」と聞くと、「うちの子ですか？はい、大体読めています」と答えるお母さんがほとんどです。けれども、「一言一句、読み間違えず、読み飛ばさずできていますか？」とさらに突っこんで聞くと、「そこまでは聞いていなかったです」と答えられる場合が多いです。

読み飛ばしてしまう子4人が集まって音読ゲームをしたとします。そのなかで、「相手が読むのを聞いていて、読み飛ばしなどがあったら手を挙げてね」と伝えます。そうすると……手は挙がりません。気づけないのです。黙読していても、読み飛ばしているのですから。「正しく読むとはどういうことか」がわからないかぎりはそのままです。

だからこそ、読み飛ばしをしない人、つまり大人が入る意味があります。大人が「あっ！　たとえば、じゃなくて、たとえ、だよ」とか「抜け出した、だよ。抜けた、じゃないよ」といったふうに気づかせてあげなければなりません。

大事なのは、責めるような口調にしないこと。ゲームとしてこちらは楽しんでいますよ、ということと、「間違えずに今日は4行読めたね！」「おしい！　ここは〜だね」などもっと上手に読めるようになるよという期待感をもって伝えてあげましょう。

これをくり返していくと、音読する子どもの側にもいい意味での緊張感が生まれてきます。慣れてきたら、立場を逆転させてもいいでしょう。おうちの人が読み、それを子どもにジャッジさせるのです。

あとは、子どもが読んでいるのを録音してもいいでしょう。客観的に自分の音読を聞けるので、「ああ、ここで詰まっているなあ……」と感じることもできます。学校の宿題では同じ個所の音読を何日かにわたって課すことが多いので、録音には向いていますね。

精読できない子は、正しい言葉づかいで書くこともなかなかできません。正しい言葉のストックを増やすために、正確に音読しているかどうかに、アンテナを張ってあげてください。

▼ことわざや慣用句

3、4年生くらいになると、ことわざや慣用句に触れてもいいでしょう。これくらいの時期は、言葉をぐんと吸収しやすくなります。

大人のほうが、新しい言葉を吸収するのは（使えるようになるのが）得意です。言葉の意味を知ったとき、それに紐づける自分自身の経験が、多いからです。3、4年生くらいのこの時期は、それなりに経験もたまってきていて、たとえば「栴檀《せんだん》は双葉より芳し」という言葉の意味を説明すると、これまで自分たちが出会ってきた人もそれなりの人数になっているので、「ああ、たとえばあの人とかね」といったような例示にもうなずきやすい。と同時に、まだ赤いハコに入っている子もいる時期ですから、素読でインプットすることにもとても意味があります。おいしいとこどり、という感じの時期ですね。

▼道具のいらない大喜利や落語

言葉への瞬発力を養います。自分の発した言葉に「そうそう！」「だよね！」と言ってもらえる経験は、大きな自信になります。

「最近、落ち込んだことは？」とか「最近、こうなったらいいのになあと思ったことは？」などとお題を出して、「そうそう！」と共感した人の多い返答が優勝、というルールです。これは結構難しい！　まずは、目の前にいる相手に合わせなければなりません。性別、年齢、笑いのツボ……自分自身の経験を一気に振り返りながら、「そう来たか！」というひと言をひねり出す。かなり高度な遊びです。

①より広く伝わる表現を考える
②これならどう？と言葉を模索する感覚を得る

③自分の日常をこまやかに振り返る癖をつける

大喜利は、紙もペンもなくてもできる、すぐれた言葉あそびですよね。「笑わせる」という目的だけに絞らず、ぜひ家族で自由にテーマを決めてみてください。

▼ことバトル／辞書クイズ

言葉ノート（234ページ参照）や辞書を用います。言葉を隠して、意味だけを読みます。相手はその意味を聞いて、なんという言葉の説明なのかを当てる、というあそびです。

逆に、これは高度ですが、言葉をお題として出して、その意味を説明させるということもできます。たとえば「ちくわ」を、説明できますか？「かまぼこ」とは、どう違うのでしょうか。「右」という言葉の意味をどう説明しますか？

誰もが納得のいく説明をするのは大人でも難しいのですが、私たちがあたりまえに使っている「記号」としての言葉のおもしろさを味わえるゲームです。

第8章

書くことだけが書く力を伸ばすわけじゃない②

書く／読む

イキイキと書ける「好きな食べ物」作文

人は誰しも、愛しているもの、好きなものには、自然と心が躍ってしまいますよね。そう、好きなもののことを書いているときって、間違いなく心が躍動しているのです。とりわけ「食べ物の話」には、名作が多いなあと思います。

さっぱり

2年男子

ぼくの好きな食べ物は、水ぎょうざです。さっぱりしてて、ぼくはさっぱりしているのが好きです。なので、お肉もさっぱりしてて大好きです。ぼくは、おもちも好きです。水ぎょうざは、かわがおもちみたいなので好きです。ぼくは、さっぱりしたスープも好きです。水ぎょうざはさっぱりしたスープなので好きです。

すきな食べ物

3年女子

わたしのすきな食べ物は、ももです。どこがいいかというと、あのあまい味と食感がもうたまりません。いまにもよだれがたれてしまいそうです。でも気をつけて下さい。食べすぎると洋ふくにしみがつきますからね。

……どうでしょう。技巧的にすばらしいとか、崇高な表現ではありませんが、文章がイキイキしているのがわかりますね。食べるから、体を通した言葉だということですよね。**好きな食べ物だから、身体感覚を素直に言葉にできる。だから、おもしろい。**第6章で「楽しみにさせてから書く」ということをお伝えしましたが、「好きな食べ物作文」の場合、この段階はすでにクリアしているのです。

食べ物じゃなくても、その子が好きなものなら、なんでもいいです。魚でも、電車でも、シールでも。要は「私／ぼく、書ける！」と思って、つまり自己像が大きい状態で書けることが大事なのです。家族で書いて読みあうのも、とってもおもしろいと思いますよ。

口頭でも効果がある「物語」作文

花まる学習会でも名作の多い課題です。ランダムなキーワードを指定し、それを使って物語を作るというものです。

次に紹介する2作品は、「ほうき」「キャベツ」「あり」の3つが指定語句でした。

3年男子

ジュエル

ある日ほうきがまほうつかいにさらわれました。それをしったキャベツとアリはまほうつかいのしろまでいきました。アリとキャベツはむすうのわなにかかってもうたいへん。ある日やっとしろのおくじょうにつきました。どうしてもかてなさそうなので、ジュエルを2こまほうつかいにわたしました。そうしたらほうきをかえしてもらっておまけにまほうつかいともなかよしになりました。そしてきたない家がきれいになったのでアリとキャベツはとてもよろこびました。

3年男子

ほうきとちりとり

あるところに、立山小学校という小学校があります。その中でずっとはたらく者がいます。それはほうきとちりとりです。ちりとりはゴミを集められとうとう体が弱くなってしまいました。ほうきはいつもブランコのようにぶらぶらしてとうとうよってしまいました。

ちりとりとほうきの楽しみはねることです。はたらいているばかりでねることができないからです。あるときほうきが「ちりとり大丈夫か。」と聞くとちりとりは「たいしたことはないよ。」と答えました。ほうきは「よかった、おれたちそろそろ死ぬのかな。」「バカ言うんじゃねぇ、おれたちはずっといっしょだ。かならず長生きできるゴホッゴホッ！」「おいむりするな。」「わかったもうねよう。」

二人はふかいねむりについてしまいました。ある日ほうきがちりとりに声をかけてもへんじがありません。

「ちりとり今までアリがとう。」

ほうきはそれからいつものくらしをはじめました。ちりとりは天国でよりよいくらしをしているでしょう。

家族で寝る前に、物語を作りあうのもいいでしょう。**あるおうちでは、読み聞かせと物語づくりを日替わりでやっていたそうです。起承転結を考えるいい訓練にもなります。**

とりわけ赤いハコの時期の子は、自分で発想を広げることが大好きです。書かなくても、口頭で発表するだけで十分意味がありますよ。

▼「指定語句つき」で書いてみる

花まる学習会では、4年生以降も指定語句つきの作文を書く回があります。ただ、語句のレベルは低学年までよりぐんと上がります。この回での指定語句は「楽観的」「一喜一憂」「ねずみ」でした。

ねずみ　6年男子

ねずみを楽観的に見てはいけません。うれしいときには喜び、悲しい時には悲しむ、ということをしているかもしれません。ねずみだって、一喜一憂しているかもしれません。

6年女子

兄弟のくつ屋

あるところに、ねずみのくつ屋さんのチュウ太とチュウ吉の兄弟がおった。二人のおとうさんもくつ屋をやっていて、いつもチュウ太とチュウ吉はお父さんの仕事をのぞいて、よく手伝いをしていた。やがて、二人ともりっぱなねずみに成長した。ある日、お父さんが病気で仕事中に倒れてしまった。そして、かわりに兄のチュウ太がお父さんがやっていたくつ屋をひきついだ。弟も、店の手伝いをした。

長い年月がたった。弟は、自分も店を開きたいと言って家を出ていってしまった。それから弟がどこに行ったかは分からなかった。

十年ほどすぎて、やっとチュウ太の店がはんじょうしはじめたときだった。店の東側にあるくつ屋に勉強しに行くと、なんとそこは、弟のチュウ吉の店だった。チュウ太は、久しぶりの弟との再会に喜んだ。「なんで帰ってこなかったんだよ」「だってなんか帰りづらかったから…」「まあ。もうそんなことはどうでもいい。しかし、けっこうはんじょうしてるな」「ああ。おにいちゃんの店もはんじょうしているようだね」「なあ。なんか、店をやっていくのに大切なことはあるのか？」「それはね。なんでも楽観的に考えることさ」「そうか」

それから二人の兄弟のくつ屋は、ライバルとなった。二人は時に一喜一憂し、時にはライバルとして、店をつづけていきました。その後、チュウ太とチュウ吉は、一つの大きな店をたて、兄弟仲良く営業し続け、ねずみ達にいつまでも、愛され続けました。

……同じ言葉を使うだけでも、こんなにも違う作品になる。言葉をどう使うかということが、どれだけ奥深いものなのかを思い知らされました。

▼チラシ1枚でできる「漢字座布団」

辞書をたくさん引かせる／音読みに慣れさせるという裏目的でのあそびです。

中心にある漢字一文字が必ず使われている言葉をできるだけ多く探して書き込みます。矢印も、書き込んでくださいね。チラシ1枚あればどこでもできる遊びです。**基本的に、知っている言葉をアウトプットするのが子どもは好きなので、最初はやさしめの漢字から始め、徐々にレベルアップしていくといいですね。**

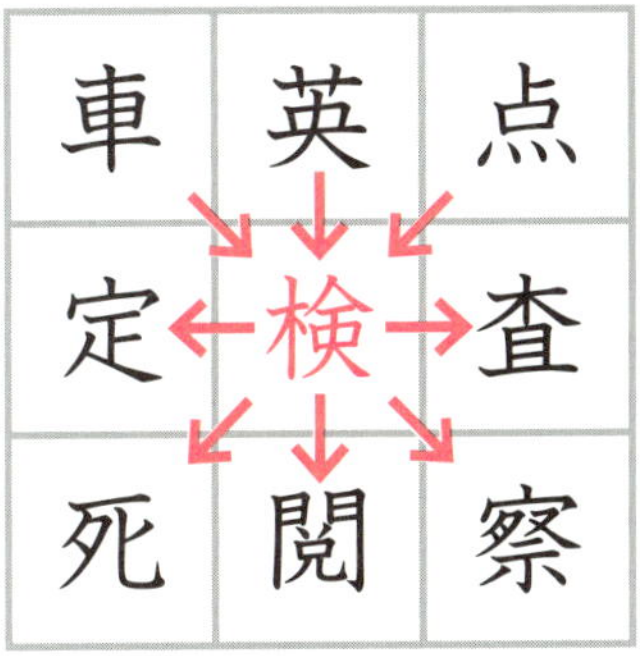

漢字座布団

▼「背伸び読書」ができる環境づくり

使う言葉、持っている言葉というのは、人によって違います。それは、触れてきた言葉の幅や深さが、人によって違うからです。

読んでいる本に飽きると、次の本を探します。そこで、好みの本がなくて仕方がなく、ちょっと難しめの＝背伸びした1冊を手にとることが、ありますよね。

そういう本はたいてい、読んでもおもしろく感じられないかもしれません。ただ不思議なもので、そのなかにはいくつか、なぜかひきつけられてしまうものがあります。それは、文体かもしれません。テーマかもしれません。なかなか感情移入できなかったり、あまりにも時代背景が違ったりすると、すぐには受け入れられないことが多いのですが、それでも読む手を進めてしまう、そんな1冊に出会えたら幸せですね。

その場ですべてを理解できなくても、まるで、まだ開かないけれど、新しく見つけた扉のように、新しい世界の把手をつかんだような気分になれる本。そこから新しい興味がわいてくるということがあります。

家にある本を見渡してみて、いかがでしょうか。子どもの年相応のものだけに、なっていませんか。親が読む本など読まないだろうと思っていませんか。

ある日、ふとしたきっかけで手が伸びた本が、その子にとっての新しい言葉の世界になるかもしれないのです。

▼オリジナルの「切り抜きノート」「言葉ノート」

「切り抜きノート」とは、新聞を読んでいて気になった記事を切り抜き、ノートに貼

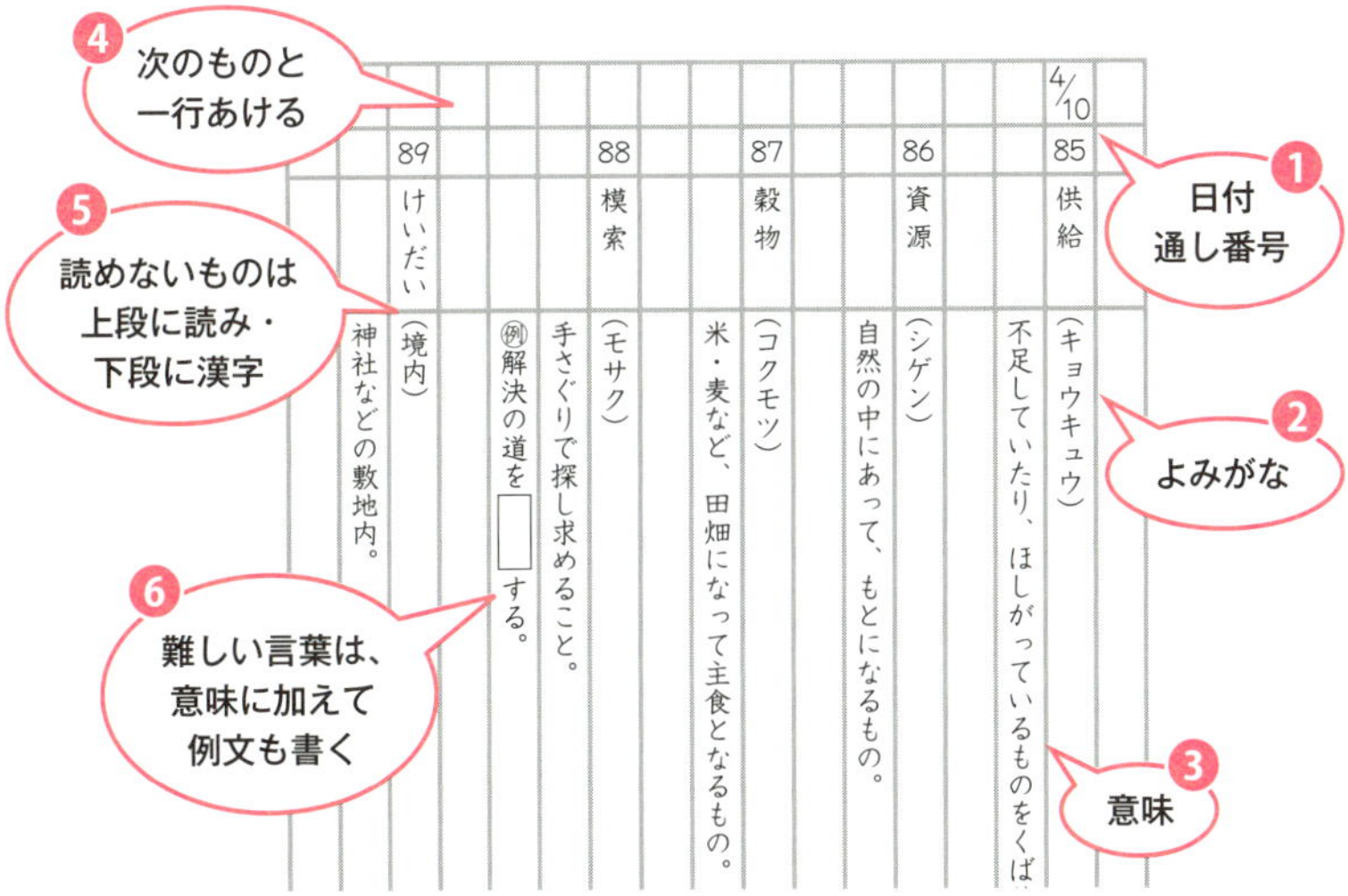

言葉ノート

ってひと言コメントを付けていくというものです。

「言葉ノート」は、自分だけのオリジナル辞書を作る、という趣旨です。「読めない」「書けない」「人に意味を説明できない」、いずれかに当てはまる言葉であれば、ノートに意味を記録していきます。意識的に言葉を広げていく取り組みですから、家庭で行なう場合には「切り抜きノート」などと合わせてみると効果的でしょう。

たとえば、「切り抜きノート」に、ある経済記事を貼って、「円安ってどういうことだろう?」とコメントを書いたとします。そうしたら次は、円安という言葉を、「言葉ノート」に入れてしまうのです。いきなり経済は難しそう……という場合でも、子ども向けの新聞の記事であれば少し「降りた」言葉で説明してありますから、好都合だと思います。説明が記事になければ辞書を引いて調べましょう。

続けていくことで、触れる語彙の幅も広がりますし、社会に対しての見方をどう身につけるのか、という大テーマへの入り口にもなるでしょう。

より豊かな言葉を身につけることで、より伝わりやすい言葉を模索できる。これは、ひとつの能力です。能力とは、持って生まれたものももちろん多分に影響しますが、鍛えられるものでもあります。今持っている言葉だけでいい、通じ合える人とだけ通じていればいいという姿勢を見せないのが、子どもに対しての、私たちの責任だと思っています。

ちなみに、「なんで言葉をたくさん持っていたほうがいいと思う？」と4年生の子たちに聞いても、答えられる子はあまりいません。そういう子たちに対していわば正論で必要性を伝えても、すぐに理解することはないでしょう。だからこそ、まずは型として定着させる必要があるのです。

▼新しく知った言葉を使ってみる

言葉は、意味を知っただけでは使いこなせませんよね。「言葉ノート」に初めて出会った言葉をためることも大事ですが、意識的に使うようにしましょう。花まるグループの進学部門「スクールＦＣ」の国語の授業では、言葉の意味を知り、それから、その言葉を使って文章を書いてみる「ことばのトライアングル」という授業があります。

普段の授業では、例文を５つ読んだうえで①～④のことを行なっています。

①例文以外の用法を２つくらい板書する
（語尾活用、目的語になりうるか、自動詞／他動詞などを用語は使わず、例文で示す）
②子どもたちが書いているときにもっと卑近な例を言い続ける
③使いこなすのが難しい単語についていいものが出たらその場で発表
④子どもが書いたものを読んで、似たような誤用があれば翌週にピックアップ、良い学びとして共有

ポイントは、言葉の意味を知るときに、文脈ごと伝える、ということです。たとえば「しこり」を「気まずい気分。またその原因となったもの」とだけ教えるのではなく、必ず例文や具体的な出来事の例示のなかで伝えてあげる。「友達と大喧嘩したあとって、時によっては『ごめんね』と謝ったあとでもなんだかすっきりしないものが残っている。そんなことってあるよね。そういうときに『あの大喧嘩がしこりとなって心にずっと重たく残っている』というような表現をするんだ」という感じです。

おもしろいのは、こうやって文脈ごと伝えると、とても残りやすいということです。授業のあとに職員室で話しているときに「あ、あぶはち取らずだね」などと子どもが言ってくることもたくさんあります。知るだけで終わらず、使ってみることというのは、人にとって本能的な喜びがあるのだなあ、と思わされますね。

ご家庭では、言葉の意味を知ったあとには、意識的に大人たちがその言葉を使ってみせましょう。**「使い方を示すことが大人にできること」という構えでお願いします。**

少しハードルが高いなぁ……と感じられる場合には、その週に学校で習った漢字を使って文章をつくる、という取り組みでもいいですね。

【特国】 トライアングル

むずかしい計算ができた！

ぼくは計算がとく意です。前にそのことを鼻にかけたことがあった。でも、そしたらみんなにせめられたが空いばりして、「もっとすごい計算ができるようにするぞ。」と言った。その日から毎日計算をがんばり、むずかしい計算をできるようになってみんなにその計算をひけらかした。すると、みんなが、「すごいね、よくできるね。」と言ってくれてぼくはうぬぼれた。このことはぼくは自画自賛できるとかんじている。

スクールFC

A+

トライアングル　自慢する

太字のことばの意味をあとからさがしてね。
読めない漢字には、ふりがなをふっておこう。

父は料理の腕前を**自画自賛**する	新しく知った知識を**ひけらかす**	野球が得意なことを**鼻にかける**	友達の前だとつい**空いばり**する	自分は天才だと**うぬぼれる**

ア　自慢していばる
イ　実際以上に自分がすごいと思って得意になる
ウ　弱い気持ちをかくすためにいばった態度をとる
エ　自慢して、得意そうにみせびらかす
オ　自分で自分のことをほめる

ことばのトライアングル

書いたものは、その人の今

大学も終わりのころ。卒論発表会がありました。ある学生が自分の発表を終え、ほっとした表情で席についたそのとき、教授はこう言いました。

「わかりました。……で、君は〇〇に就職するのですね。あなたの中でそれはどうつながっているのですか」

つまり、あなたが論文の中で主張していることと、あなたの行動とに矛盾はないですか？と問うたのです。自分の言葉に責任をもって書くというのは容易なことではないと鋭く感じたことをよく覚えています。

誰でもスマホ一台あればインターネットにつながれる今、書く機会はより身近になっています。卒論などでなくとも、私たち一人ひとりが文章を生み出す場面はひと昔前からは格段に増えているでしょう。そして同時に、文章以外の表現も多様になっています。映像でも、モノとしての作品でも、写真でもいい。あらゆる表現を使える道が、子どもたちには開かれていると思いませんか。

それでもやはり、私たちが、言葉を使って生きていくということは変わらないでしょう。アイデアを思いついたとき、誰かとそれを共有したいとき、みじめな自分を乗り越えなければならないとき、決めたことを自分に課すとき……そこには言葉がありまます。書くということはたやすくありませんが、同時に、他では味わえない喜びももたらしてくれます。それは、書いている「今の自分」が（すべてではないけれども確実に）引き出されてくるということです。そういう「通路」としての使い方ができたら、書くことは、おもしろい。

この本を書かせてくれたのは、まず母であり、すばらしい恩師であり、そして、花まる学習会の子どもたちとお母さんたちです。作文用紙上の言葉から透けて見える「その子の今」に、私は心を動かされます。そしてその感じを、かつてしてもらったように、言葉で表してきました。本書はその結実です。ありがとうございます。

そしてこの本は、高濱正伸さん、そして粘り強く支えてくださった堀井太郎さんなしにはまったく形になりませんでした。深謝に堪えません。

２０１６年７月　花まる学習会　竹谷　和

おわりに

どうだったでしょうか。「書くことの意味」「お母さんのほめポイント」「やってはいけないこと」「やってほしいこと」「書く力の伸ばし方」など、子育て真っ最中の親御さんにとっては、参考になることがたくさんあったのではないでしょうか。

花まる学習会では、「ハッピークリエイター」が合言葉です。

私たちの仕事は、ただ成績を伸ばすということだけではなく、学びの本質をつかみ自らの人生に生かすことをとおして、また多様な人間関係の経験や大自然のなかでの体験を豊かにすることをとおして、自立し、幸せに生きていける人を育てるということ、つまり子どもたちのハッピーを創造するというのが第一の意味です。

しかし、それだけではなく、お母さんにもお父さんにも、子育てを通じて幸せになってほしいという願いを込めて、お便りを書いたり講演を開いたり、親子の遊びの場を提供したりしています。

そして、会員とその保護者だけではなく、社員にも、ハッピーになってもらわねばならないというので、独特の業務や研修システムを構築しています。

その柱は、「言葉の力を鍛える」ということです。入社したらすぐに毎日の日報で鍛えられます。同じ一日で「感じていない」「考えていない」「自分の言葉にできていない」ことは先輩から指摘・指導されます。

その4か月ほどの、朝から晩までの研修の日々を過ごしたあとは、いよいよ教室長デビュー。そのとたんに、毎月必ずA4 1枚の、親御さんに向けたコラムを書かねばなりません。あくまで自分のために書いていたこれまでと異なり、相手の琴線に触れ、心を動かす文章を書かねばならないので甘くありません。最初の1、2年は、締め切りごとに苦しんでいる社員をよく見かけます。

しかし、その仕組みによって、日々の授業から、素敵なスケッチができるようになり、相手を感動させることで、実はこちらが幸せを得るという経験を積み重ねます。「言葉の力がすべての人間世界の土台である」という信念を、具現化しているのです。

さらには、この2段階で成長した社員は、独自の専門分野を切り拓き、お客さんたちの心を引き付ける講演会ができるように目標設定されます。毎年行なわれる「講演会研修」は真剣勝負。そこで評価されることは、名誉であり、外部の講演会などにも斡旋されます。本気で社員の言語力を上げることに注力するこの仕組みのおかげで、花まる学習会は、私以外にも著者として本を出した社員が10名以上いる会社になりました。

この本の共著者の竹谷和は、このような「言葉を大切にする社風」の、実は真ん中にいる人物です。子どもたちの作文コンテストでは、長年主柱として切り盛りしてくれましたし、私の本のライティングを手伝ってもくれましたし、200人以上いる社員たちの、日報やお便りの文章に、甘い表現や誤用がないかを見つけ、指導し、より魅力的な表現ができるように育成する「ことばチーム」の中心人物です。

この本にも書いてありますが、このような履歴によって、彼女が5年生以降の「大人の書き方の問題」に詳しいのは、当たり前です。また、入社以来ずっと4歳児5歳児など就学前からの子どもの指導もやりつづけているので、どういうときに子どもの書く力が伸び、また逆にどういう局面でやる気が阻害されるのかの「子どもの書き方の問題」をも、よく理解しているのです。

ですから、竹谷のことを信頼し、豊富な言葉指導の積み重ねから生まれた文章を、ぜひかみしめるように何度も読んでいただきたいのです。必ずお子さんに、プラスの効果が現れるでしょう。

さて、この書にもあるように、花まる学習会では、成長段階を9歳くらいまでの「赤いハコ（幼児期）」の時代と、それ以降の「青いハコ（思春期）」に分けています。

私の長年の現場経験から、初めてのお子さんの「赤いハコ」時代に、お母さんは失敗しやすいなと見ています。愛すればこそ、どうしても「大人基準での分量や中身」を求めたり、友人の傑作と比べて嘆いてみたりしてしまうのです。

「わかっていても、ついやってしまう」のが、ごく普通のお母さんでした。この本を熟読し、落ち着いて取り組んでみてください。

このような文章を読みながら、「うちの上の子はもう遅いよね」と思われている方も大勢いらっしゃるでしょうから、救いになるかどうか、私の話を最後に付け加えましょう。

私も、2歳上の国語では困ったことのない超のつく読書家の姉がいたせいで、国語・言葉はコンプレックスでありつづけました。作文は本当に苦手。読書感想文など地獄と言っても言い過ぎではないくらい嫌悪していたことを覚えています。

しかし、中学校に上がるのとほぼ同時に、「秘密の日記」を書くようになって、光明が射しました。自分の「ありのままの思い＝悩み、恋心・エッチな気持ち、敵意、嫉妬心、葛藤などなど」を、正直に書くようになって、書くことが、欠くべからざるものになりました。中3くらいになると、毎日、その日に感じた心のモヤモヤや感動を、書きつけないと寝られないようになりました。

こうなったらしめたものです。

つまり、小学校時代は「ほめられる良い作文を書こうとして苦しんでいた」のが、「本当に自分のために、書きたいから書く」ことになってから、書くことは生きることそのものにもなったのです。

この土台によって、大学入試の頃には、国語はむしろ得意科目になっていましたし、長じて、１００冊以上の本を出版するに至りました。もちろん本物の小説家になるような人たちのような、鋭い感性や命を削るような言葉とは、まったく比較にならないことはよく知っていますが、小学生時代、国語特に作文が大の苦手だった「普通の子」の私でも、書く喜びを本当に知ったら変われたということは、少しは親御さんの安心につながるのではないでしょうか。

この本が、悩める親御さんの心を、少しでも楽にできる一助になれば幸いです。子どもたちが、書くことを大好きな人に育ちますように！

２０１６年7月　花まる学習会代表　高濱正伸

高濱正伸（たかはま　まさのぶ）
テレビ「情熱大陸」「カンブリア宮殿」「ソロモン流」、朝日新聞土曜版「be」、雑誌「AERA with Kids」などに登場している、熱血先生。
保護者などを対象にした年間130回をこえる講演会には、“追っかけママ”もいるほどの人気ぶり。

1959年熊本県生まれ。東京大学・同大学院修士課程修了。1993年、「数理的思考力」「国語力」「野外体験」を重視した、小学校低学年向けの学習教室「花まる学習会」を設立。算数オリンピック委員会理事。

主な著書に『お母さんのための「男の子」の育て方』『お母さんのための「女の子」の育て方』『高濱コラム』『子どもに教えてあげたいノートの取り方』『13歳のキミへ』『中学生　中間・期末テストの勉強法』（以上、実務教育出版）、『算数脳パズル　なぞペー』（草思社）など。監修書に『天才くらぶチャレペー①～④』（実務教育出版）。

竹谷和（たけたに　かず）
1986年千葉県生まれ。一橋大学卒業。
2009年花まる学習会入社以来、受験指導も含む年中から中3まで幅広い学年の指導を行なってきた。語彙や言葉のセンスを磨く「特国」コースも担当。教えた子どもは、のべ1000人にのぼる。教材開発部にて、花まる学習会の教材開発をはじめ、各種出版にも携わる。多彩な指導経験と言葉の力を活かして、講演会も行なっている。

作文・読書感想文
子どもの「書く力」は家庭で伸ばせる

2016年 8月15日　初版第1刷発行
2019年10月10日　初版第2刷発行

著　者　高濱正伸・竹谷和
発行者　小山隆之
発行所　株式会社 実務教育出版
163-8671　東京都新宿区新宿 1-1-12
電話　03-3355-1812（編集）　03-3355-1951（販売）
振替　00160-0-78270

印刷／日本制作センター　　製本／東京美術紙工

ISBN978-4-7889-1185-7　C0037

特別付録

読書感想文を90分で書く

毎夏、お母さんを悩ませ、子どもを泣かせる読書感想文。この特別付録では、読書感想文をわが子と一緒に書き上げるサポートとなる内容をご紹介しています。大変なのは皆一緒。その中で、どうせなら一歩成長してやろう！くらいの前向きさでスタートしたいですね。

そして最後は、「大変だったけど、書き上げられたね！」と「やってよかったね！」と伝えてあげましょう。いい時間になりますように。

「もう私の感想文ですよ!」とお母さん

まず、読書感想文というものは、子どもにとって、とりわけ赤いハコの子どもにとっては、かなりハードルの高いものです。

まずは、課題図書を(指定されている場合には、読みたいという気持ちで読めないものもある)正しく読むということ。長さによっては、話の内容をとらえきれないものもあるでしょう。

そのうえで、自分の感じたことや考えたことを言葉にしなければならないということ。感想を言うだけならまだしも、それを「書かなければ」ならない。第1章で書いたように、「読み手にわかる言葉で」表すことが求められる。これはなかなか、高い壁です。

学校によっては、1年生から課題として出されるところもあるようで、お母さんもどこまで手を出したらいいのかわからない、子どももやる気がでない……。果ては手助けしすぎて、「もう私の感想文ですよ」と相談を受けることもしばしばです。

得られるものは何だろう？

まあ、学校からの宿題として出されているわけですから、やらないわけにはいきません。「こんなの無理だよねえ」と愚痴を言うのは簡単ですが、それを聞いている子どもには何らいい影響はありません。ここは発想を転換して、「どう意味あるものにするか」を考えましょう。

大きく次の3つだと、私は考えます。

● **要約する経験**

……1冊の内容を「〜が〜して、〜を学んだ話」といったようにひと言で説明するという機会にはなります。「要は、こういう話だったよね」というとらえ方を経験させられます。

● **書き言葉にすることで、自分の感じたことを知る経験**

……ただ自分の頭のなかに浮かんできて終わりにするのではなく、文字にして書いてみる（それを目にして読んでみる）ということで、別の考えや気づきが出てくるかもしれません。書くということの大きな効用のひとつですね。

自分の経験を振り返る、という経験

……特に赤いハコ時代の子どもは経験が少ないながらも、主人公の経験や変化に付随する、自分自身の経験をひっぱってくることが必要になるかもしれません。7歳8歳では普段、なかなかそういうことは経験しませんから貴重です。

よくある「書き型」は役に立つ？

文章訓練については、いろいろな本が出ています。200字でまとめる、とか、300字で要約する、といった訓練もあります。

メソッドや、考え方のテンプレートを使うことは、一定の意味があります。歌舞伎などの伝統芸能でいえば、型を徹底的に身につけるということでしょうか。身体の動きとしてしみこませておき、そうしておくことで、型の意味を知る、という順序になるのだと思います。

これと同じように、執筆においてあるフォームを身につける（起承転結とか、序本結とか）まで練習することには、型の効用を知るという点において意味があります。ただ、これには前提条件があります。それはつまり、型を使う側が、その型の意味を考えることができるかどうか、ということです。

たとえば、赤いハコ＝幼児期の子に、序本結のフォーマットで書かせることはできます。けれども、論理性がまだ発達しきっていない彼らに、序本結で文章を成立させていくことの意味を把握することはできません。

意味を知らない型は、型ではなくなり「唯一解」になってしまいます。それ以外の書き方ができなくなる可能性があるのです。

こういうものを目にしたことがあります。「読書感想文の書き方」として、下記のようなフォーマットが提示されていたのです。

「わたしがこの本を読んで、いちばん心に残ったところは（　）が（　）ところです。わたしはこの部分を読んで（　）と思いました。なぜならわたしにも（　）とおなじような経験をしたことがあり、そのときに（　）をしたからです（続く）」

さすがに細かすぎる感はありますが、これくらいでないと鉛筆が動かない、ということもあるのでしょう。

一方で、型だけでは満足できなくなる子もいます。型を凌駕するだけの内容や深みが先にあると、型は必要なくなります。こうなると型からは卒業すべきですね。自分自身で、最も伝わる構成を考えることに意味があります。

何を書けばいいの？　要約？感想？

読書感想文には、何が求められているのだろうか？と思ったことはありませんか？　感想を書けばいいのだろうか？　要約はなければならないのだろうか？　あとほかには……？

まず、要約はある程度必要でしょう。

ただ、課題図書が1種類というときにはいらないかもしれません。「読む人（読書感想文の場合、ほとんどこれは大人ですね）みんなの前提」になっていることがほぼ確実だからです。

では、感想は？　人というのは、自分が提示したもの（ここでは課題図書）について、「あなたがどう感じて考えたのか知りたい」という生き物だと思います。そこを書いてあればまず、不足はないでしょう（先述したように、これを書き言葉に落とし込むのが難しいのですが）。

「その本を知らない人にも『読みたい』と思わせる」といったところまでは求められ

ていないと思います。課題図書が決まっている場合には、感想文を読む人はその本について大体知っている＝共通のお題があるというとらえ方でいいのではないでしょうか。

「要約（あらすじ）」と「感じたこと、考えたこと」。まずはこの２つを完成させられたらいいですね。２つを織りまぜられたら理想的ですが、あまり無理をしすぎないでください。

書いてみよう①
あらすじ

たとえば、芥川龍之介の『トロッコ』を要約すると……。

「あこがれていたトロッコに乗ることができた少年・良平は、夢中でトロッコに乗ったり押したりしているうちに、あまりにも遠くに来すぎてしまった。良平は村までの夜道を、たった一人で泣きながら走って帰った」

ということになります。事実としては、これで十分でしょう。

これに、主人公自身の内面の変化を盛り込むと、たとえばこうなります。

「あこがれていたトロッコに乗ることができた少年・良平は夢中でトロッコに乗ったり押したりしているうちに、あまりにも遠くに来すぎてしまった。村までの夜道を、泣きながらたった一人で走って帰らなければならなくなった良平は、その中で、死ぬかもしれないという恐怖やあせり、絶望感を、生まれて初めて味わったのであった」

こういう、登場人物の変化を内面からもとらえた要約には「テーマ」が含まれています。物語のなかでのできごとや、そのなかでの人間的な成長を通じて、「登場人物が新たに知ったこと、わかったこと、伝えられたこと」に焦点をあてて書いたものです。

これは、だれを主人公にするかによっても変わります。

たとえば、『走れメロス』であれば、メロスを主人公にすれば「王との対決を通じて、友情という目に見えないものの力を再確認した」という要約になりますし、王の目線で考えると「メロスとの対決を通じて、自分がこれまで価値をおいていなかった『信じる』ということの尊さを知る」という要約もあります。

赤いハコ時代の読書感想文では、物語のなかでの出来事ベースで十分です。無理にテーマ性を見出させようとしても難しいでしょう。親がそこに入り込んで、「こういうテーマがあるでしょう」などと言ってもお仕着せ感があるのでいやーな感じになります。

「主人公はだれだっけ?」「このお話って、どういう話だったかな?」「そうだよね、じゃあ、起こった出来事を思い出してみようか」

こんな問いかけで、主人公を主語として2～3文（本の長さによっては5～6行）でまとめられればよいでしょう。**ここの時点では、ひとりで書ける場合にはメモに起こしてもよし、いろいろな質問を投げかけてあげたほうがいい場合には、おうちの人がメモにとるのもありです。**その子自身が要約という作業に取り組めていれば、まずは目的達成です。

書いてみよう②
ひきつけられたのはどこ？　なぜ？

できれば、いきなり言葉で説明させるのではなく、本をめくってあげながら「読んでいてどこにひきつけられた？」と聞いてみましょう。「ここ」と指をさした該当ページのところで立ち止まってみてください。

そして、「ああ、ここね。確かに〜だったよね」と、子どもの「ひきつけられた」理由を一緒に深めてみてください。

なかなかすぐには言葉にならないでしょうが、何回かやりとりして「つまり〜っていうところが、心に残ったんだね」と言葉にしてあげられるといいですね。これでまず、その子が最も心動かされたところとその理由を見つけることができました。

「考えたこと」を書くとなると、子ども自身にメモをとらせたほうがいいでしょう。考えたことを読者により理解してもらうために、理由や例などを付け加えて補強しなければなりません。**赤いハコ時代は、論理性が発達しきっていない時期でもあるので、「感じたこと」ベースで書ければ十分だといえるでしょう。**

書いてみよう③

主人公の立場だったら？

次に、一番ひきつけられた場面について「あなたが主人公の立場だったら、この場面でどうするかな？」「主人公はああしていたけれど、あなただったらどうする？」と聞いてみるのもいいですね。気持ちが引き寄せられている場面なら、「もし自分だったら……」と置き換えて想像してみることも楽しくできるでしょう。

課題図書によっては、あまりにすごすぎる人のすごすぎる言葉だと、なかなか自分自身の経験と結びつけることができません。そうなると、すぐにはイキイキとした言葉は出てこないでしょう。自分で本を選んでいいのであれば、できれば、読んでいて「あっ、私もああいうことあったな」とか「へえ、こんなに大変なんだ！」といったように、登場人物になにかしら感情移入できるものが望ましいですね。

あとは、「自分が主人公だったらこうする」理由として自分自身の経験を入れてみてもいいですが、これには注意が必要です。新聞などの書評欄を読むと、ある1冊を読んで感じたこと考えたことを伝えるのに、ほかの数冊を引用したり、内容をからめたりしているのをよく目にします。これは経験豊富な大人だからできることなのであって、ふつうの子どもには、別の本から引用したり参照してきたり、ということはできません。ですから、たいていの場合、自分の経験をひっぱってくることになります。家族や友達との出来事もそこにふくまれます。

あくまでも、本を読んで感じたこと、考えたことを伝えることが読書感想文の目的なので、自分の経験というのはそれを補強するための道具なのです。

ですから、経験を書こうとするときには、「じゃあその部分を入れると、～っていうことがより伝わりやすくなるね」などと「論理付け」をしてから書かせたほうがいいのです。

さて、「私が主人公だったら」という想定でのパートができました。ここらへんは、「お母さんだったら……」とか「お父さんだったら……」といったふうに対話してみると、物語という触媒によって普段は見えないわが子の一面が見えておもしろいですね。

書いてみよう④
言外を想像させる問いかけ

③までできていれば十分ですが、中〜高学年の子に問いかけてみたいのは「作者はなぜこの本を書こうと思ったのだろうね？」ということです。もちろんすべての動機が言葉で説明できるわけではありませんが、本を書くというのは多大な労力がかかるものです。それだけのものを割いて、何を言いたかったんだろう、ということに想いを馳せてみることには、間違いなく価値があります。

あとは「〜（主人公）にとって大事なのはどんなことだったんだろうね」とか「この本を書くことで、どういうことを伝えたかったのだろうね」といったふうに、文字としては明記されていないけれども、想像してみることで広がりが出てくるような問いかけも、子ども自身の考えを促すきっかけになります。

花まる学習会の授業で、精読力を鍛える「さくら」という教材があります。子どもたちは物語を聞き、頭のなかでイメージを描きます。『去年の木』（新見南吉）という物語を読んだ回でした。

------（あらすじ）------

なかよしだったいっぽんの木と、いちわの小鳥。

冬が近づいてきたため、小鳥は木からわかれ、南へゆかねばならなかった。

翌年に会うことを約束した。

春が来て、小鳥が木のところに戻ってくるとその姿はなく、切り株だけが残されていた。あとをたどった小鳥は、最終的にマッチになってしまった木が残したランプの火にたどりつく。そのランプの火を小鳥はじっと見つめ、歌を聞かせてやりまたじっと見つめ、どこかへとんでいった。

「小鳥は、最後にランプの火を見つめていたとき、どんな気持ちだったと思う？」

私は子どもたちにこう問いかけました。

ある子は「悲しい」と答えました。

ある子は「せつない」と答えました。

また別の子は「うれしかった」と答えました。

自分はどうだろう……と聞き入るほかの子たち。

この作品は多くの教科書に掲載されたことがあります。同じ新見南吉の『ごんぎつね』よりも、心情を想像する「余白」が豊かに残されているところが、こうやっていろいろな読み方を生むのだと思います。

赤いハコの子にありがちな事態と解決策

見通しがつかない

この時期の子どもというのは、見通しをつけることが苦手です。

先日、1日1ページの宿題をすっかり忘れて教室に来た1年生の男の子がいました。「やってこなかった宿題は、残ってやります」と私が宣言したとたん大泣きです。そもそも、その想定がなかったのでしょう。お母さんがさばさばと「外で待ってるからね」と伝えるとさらに大泣き。でも、やるしかありません。計算と書き写しが、それぞれ7ページ。「うおーんうおーん」と涙を流しながら必死です。1ページ終わって花まるをもらうごとに「うおーん」と泣いて机に突っ伏します。「うわっ！　さっきより10秒もタイムが縮んでる！」「この字は立派だなあ」などと持ち上げて次のページへ……ということをくり返します。実は、さっさと進めれば20分くらいで終わるものなのですが……見通しが立てられない時期の子にとっては、1ページ終わるごとに「また次のページ」と絶望感が押し寄せてきてしまうのです。

これが読書感想文でも起こると大変です。

したがって、**22ページの図のように「こういうことを考えてみようか」という全体像を見せておいてあげるといいですね。そしてできれば、各パーツがそろうまで、おうちの人がついていてあげるとスムーズです。**

書こうと思ったことを忘れる

私もいまだにありますが（それはそれでよくないですが）、目の前のことに集中しがちな子どもの場合、「書こう！」と思ったことをずっと記憶しておくことが難しいことが多いのです。「あれ？　何て書こうとしたんだっけ？」ばかりが続くと、上記の「見通しがつかない」ということと合わさって大変！　嫌だ！　きらい！　としか思えなくなってしまいます。

こういう事態にならないために、その都度**メモをとらせたり、場合によってはとってあげたりすることが必要でしょう。子どもの発達段階にもよりますが、ある程度必要な手助けだと思います。**

「相当高度なことをやっているのだ」ということと、「この感想文を仕上げることで、本って楽しい！　感じたことを伝え合うのは楽しい、と思えれば十分」ということ。

この２つを忘れないようにしてください。

読書感想文を完成させるまでのステップ

心構えと見通し

下書き

パーツ① あらすじ

パーツ② いちばん ひきつけられたところ

パーツ③ もし自分が 主人公だったら

本書きへ

※書きながら考えていたら不要。

一緒に読み直して完成!

・できればだれかに読んでもらって、いいところを言葉にしてもらう。

・終わったら「この感想文を書いて、こういう経験ができてよかったね」で終える。

⓪心構えを伝え、見通しをつけてあげます<楽しみにさせる>

「これから、読書感想文というものを書くよ」

「●●（お子さん）は、学校から帰ってくると、いつもその日あったこととかを話してくれるでしょう?」

「今回は、●●が読んだ本について、お母さんとかお父さんだけでなく、いろんな人に向かってお話しするようなつもりで書いてほしいんだ」

「大きく2つ、準備すればできあがりだよ。読んでもらうのが楽しみだね!」

パーツ① あらすじをつくります<要約する作業>

- 「どういうお話だった?」という問いかけから始めましょう。
「〜が主人公で、〜ということがあって、〜したお話」という
「骨組み」の部分をまずつくります。
- 感想文では、これを冒頭に書いてしまってもいいでしょう。
- その後から、場所や季節など、細かい部分を足していくイメージで進めます。

▶ なかなか、あらすじが完成しません…

→はじめに口頭でおうちの人を前に説明させると、いきなり書くよりもやりやすいです。
その際、言いながら覚えられなさそうであればメモをとってあげてもいいですね。

▶ 書きながら考えられないようです…

→何回かやって完成したものを録音してあげると、それを聞きながら文字にできます。

パーツ② 読んでいて、いちばんひきつけられたところ＜自分の感じたことを知る作業＞

- その場面と、なぜひきつけられたかの理由。
「理由」については、まだうまく言葉にできない子もいるでしょう。

その場合、この言葉を引き出すのがおうちの人の役割になります。

▶どうやって引き出せばいいですか？

→「●●が、このお話のなかでよく覚えているのはどの部分？」と言って、いくつか出してもらい、そのなかの１つか２つを選びましょう。そのページにふせんを貼っておくといいですね。
「じゃあ、これとこれについて書こうか。じゃあまずこのページね。どうして、●●はここをよく覚えているんだろうね」

「まず、どういう場面だったか説明してみて（パーツ①のあらすじと作り方は同じ）」

大事なのは、引き出す側が「本当にあなたのおもしろかった部分を知りたいなあ！」と思えているかどうかです。わが子から出てくる言葉を楽しみにできているか。できるだけ先回りせずに、言葉を待ってあげましょう。

▶たくさん話してくれるけど、うまく言葉にはできなさそうです…

→場合によってはメモにとってあげながらでいいでしょう。

▶なかなか出てきません

→「お母さんはここが印象に残ったよ。なんでかというと…」と、おうちの人自身の感想も伝えてあげると広がりやすいです。
※ここは感想文を書くという経験のなかで、その子の栄養になる一番肝要なところですので、おうちの人自身が、時間に余裕のある日を選びたいですね。

パーツ③ 自分が主人公だったら？＜自分の経験を振り返ってみる作業＞

- もう少し具体的な質問に代えてあげてもいいでしょう。
- 「●●が主人公だったら、あの場面でどうする？」
「主人公みたいにあの国に住めたら、●●は何をしたい？」

「主人公はああしたけれど、●●はほかの方法だったら何があると思う？」

など。
- 場合によってはメモにとってあげながら。
- 自分の想像を広げるよう問いならば、まず最初に絵を描いてみると、イメージが広がりますね。